CATÁLOGO SISTEMÁTICO
E ANALÍTICO
DAS
AVES DE PORTUGAL

CATÁLOGO SISTEMÁTICO
E ANALÍTICO

DAS

AVES DE PORTUGAL

POR

J. A. REIS JUNIOR

**Conservador do Museu de Zoologia
da Faculdade de Ciencias
da Universidade do Porto**

Título: Catálogo Sistemático e Analítico das Aves de Portugal

Autor: J. A. Reis Junior

A obra original, publicada inicialmente em 1931, encontra-se no domínio público ao abrigo do artigo 37º do Decreto-lei nº 334/97 de 27 de Novembro, o qual transpôs para a ordem jurídica portuguesa a Directiva Comunitária nº 93/98/CEE, do Conselho, de 29 de Outubro, que implica alterações ao Código do Direito de Autor e dos Direitos Conexos, em matéria respeitante à harmonização do prazo de protecção dos direitos de autor e de certos direitos conexos.

Este livro reproduz a 1ª edição da obra publicada em 1931 por Araújo & Sobrinho Suc^res; porém, com vista a uma melhor leitura, optou-se por actualizar a ortografia e a toponímia.

1ª Edição, 1931

2ª Edição, 2012

ISBN: 978-1-300-57240-4

ISBN 978-1-300-57240-4
90000

9 781300 572404

Impressão, acabamento e distribuição: lulu.com

E-mail: oriolus.books@gmail.com

Imagem da capa: Falcão-peregrino (*Falco peregrinus*), do livro *Naturgeschichte der Vögel Mitteleuropas* (História Natural das Aves da Europa Central) de J. F. Naumann. Esta imagem encontra-se no domínio público.

Print On Demand

À MEMÓRIA DO MESTRE

O Ex.mo Senhor

Dr. Manuel Paulino d'Oliveira

Insigne autor das
"AVES DA PENINSULA IBERICA"

Como prova de grande

admiração

e respeito, dedica

O AUTOR.

Índice

Lista de algumas obras sobre Ornitologia consultadas

1616 – Diogo Fernandes Ferreira, *Arte da Caça de Altaneria*. Lisboa.

1797 – Domingos Vandelli, *Florae et Faunae Lusitanicae specimen* (Mem. da Acad. Real das Sciencias. Vol I, pág. 37).

1862 – J. V. Barbosa du Bocage, Instruções práticas sobre o modo de coligir, preparar e remeter produtos zoologicos para o Museu de Lisboa. Lisboa.

1867 – C. D. Degland et Gerbe, *Ornithologie européenne*. Paris.

1879 – Dr. Albino Giraldes, *Catalogo das Aves de Portugal*. Coimbra.

1887 – D. José Arevalo y Baca, *Aves de España*. Madrid.

1888 – Eduardo Sequeira, *Ninhos e Ovos*. Porto.

1884-1894 – Olphe Galliard, Contributions à la faune ornithologique de l'Europe occidentale. Bordeaux.

1894-1897 – W. Tait, *Aves de Portugal* (Anais de Sciencias Naturais). Porto.

1896 – Dr. M. Paulino de Oliveira, Aves da Peninsula Iberica e especialmente de Portugal. Coimbra.

1902 – Dr. E. Arrigoni Degli Oddi, *Atlante Ornitologico delle Uccelli Europei*. Milão.

1902 – A. F. De Seabra, Regeneração da Fauna Ornitológica da Mata Nacional do Bussaco. Lisboa.

1902 – H. E. Dresser, *A Manual of Palaearctic Birds*. London.

1903-1907 – D. Carlos de Bragança, *Catalogo Ilustrado das Aves de Portugal*. 2 vols. Lisboa.

1904 – Dr. E. Arrigoni Degli Oddi, *Manual di Ornitologia Italiana*. Milão.

1905 – Dr. Eugène Rey, Die Eier der Vögel Mitteleuropas.

1906 – Vicente Martinez Gámez, Apuntes para la Ornitologia Andaluza y de España en General.

1910-1922 – Dr. Ernst Hartert, *Die Vögel der paläarktischen Fauna*. Berlim.

1911 – A. F. Seabra, Catalogue Systématique des Vertébrés du Portugal. Lisbonne.

1912 – E. L. Trouessart, *Catalogue des Oiseaux d'Europe*. Paris.

1914 – Luis Brasil, Les Oiseuax d'Eau, de Rivage et de Marais. Paris.

1921 – P. Paris, *Faune de France*, Oiseaux.

1921-1923 – H. F. Witherby, *A Practical Handbook of British Birds*, assisted by E. Hartert, A. Jackson, F. Jourdain, C. Oldham and F. Ticehurst. London.

1922 – Dr. Hugo Weigold, Frühjahr 1913 in Portugal, Spanien, Tanger.

1923 – R. Waldlaw Ramsay, Guide to the Birds of Europe and North Africa. London.

1924 – William C. Tait, *The Birds of Portugal*. London.

1924 – J. A. Reis Junior, Reprodução da Gallinago g. gallinago em Portugal. Porto.

1925 – J. A. Reis Junior, *Aves de Portugal, Lariformes*. Porto.

1926 – J. A. Reis Junior, *As Aguias de Portugal*. Coimbra.

1927 – J. A. Reis Junior, Aves de Portugal, Passeriformes, Motacillidae. Coimbra.

1928 – Dr. Ulrich A. Corti, *Fauna Avium Helvetica*. Berne.

1929 – Dr. E. Arrigoni Degli Oddi, *Ornitologia Italiana*. Milão.

Nota prévia

A demora na publicação das monografias da Fauna Ornitológica Portuguesa, já iniciada, e, a pouca saúde de que ultimamente temos desfrutado, leva-nos à publicação do presente catálogo para que, dado o caso do nosso desaparecimento, se não percam de todo as observações que durante mais de quarenta anos temos vindo pacientemente a coligir, deixando para melhor oportunidade o continuar a publicação das monografias donde mais tarde sairá o «Manual de Ornitologia Portuguesa», se a minha vida se prolongar até lá.

Como já deixamos declarado na introdução do nosso trabalho sobre as Lariformes, as observações sobre as espécies migradoras foram, na sua quase totalidade, recolhidas na foz do rio Ave, em Vila do Conde, quando, como funcionário da Estação Aquícola do rio Ave, ali residimos desde 1897 a 1918.

O desempenho de serviços, inerentes ao mesmo cargo, também nos proporcionou ocasião de visitar diversas localidades, que nunca nos teria sido possível conhecer em outras circunstâncias.

Durante a nossa longa vida de ornitólogo temos sido obsequiados por diversos amigos com exemplares de aves, ninhos e ovos que muito nos têm auxiliado no conhecimento da Fauna Ornitológica Portuguesa. A todos aqui deixamos consignada a expressão sincera do nosso muito reconhecimento e, àqueles a quem a morte já tenha arrebatado, uma profunda saudade.

Na classificação e nomenclatura do presente catálogo seguimos, com pequena diferença, a classificação e nomenclatura adoptadas pelos ilustres naturalistas srs. Drs. A. Menegaux e J. Rapine na sua brochura «Les Noms des Oiseaux trouvés en France», por nos encontrarmos de acordo na sua simplificação da sistemática e no absoluto respeito à lei de prioridade.

À Junta de Educação Nacional, que se dignou subsidiar-nos para concluir o estudo de algumas espécies e a publicação do presente trabalho, deixamos consignado o nosso profundo reconhecimento pela honra concedida; e igualmente ao Ilustre Professor Exmo Sr. Dr. J. A. Pires de Lima, pela sua valiosa interferência, a nossa indelével gratidão.

CATALOGO SISTEMÁTICO E ANALÍTICO

DAS AVES DE PORTUGAL

Classe AVES.

Ordem GALLIFORMES.

Família PHASIANIDAE.

Genero ALECTORIS Kaup.

1. *Alectoris rufa hispanica* (Seoane).

N. v. *Perdiz.*

A *perdiz* é comum e sedentária em todo o País, encontrando-se geralmente nos lugares montanhosos e nos terrenos incultos; mas em Trás-os-Montes e na Beira-Baixa frequenta, também, as ladeiras em que se cultivam os cereais. Nestas duas províncias os pastores destroem grande quantidade de ninhos para se utilizarem dos ovos. Devido à caça intensiva que lhe fazem a espécie tende a desaparecer de muitas localidades.

Na Barca D'Alva, aonde a perdiz era em outros tempos abundantíssima, corre entre o povo o seguinte rifão, em que a época de reprodução da espécie está perfeitamente definida:

Março, três ou quatro,[1]
Abril, os que onde ir,

---

[1] Ovos

Maio, chocaio,
Junho, perdigôtos como punho.

Outra variante:

Março, três ou quatro
Abril. Razil,
Maio, chocaio,
Junho, perdigôtos como punho.

Genero PERDIX Brisson.

2. *Perdix perdix hispaniensis* Rchw.

N. v. *Charréla, Perdiz do norte.*

A *charréla* era em outros tempos abundante em algumas serras do norte de Portugal; mas actualmente quase se pode dizer extinta nesses lugares: na Serra do Barroso há já bastantes anos que ali não aparece e em Bragança raras vezes se obtém algum espécime no extremo do concelho junto à fronteira espanhola. Os dois exemplares que possuímos na nossa colecção, obtivemo-los no concelho de Bragança em Dezembro de 1917.

Genero COTURNIX Bonnaterre.

3. *Coturnix coturnix coturnix* (L.).

N. v. *Codorniz, Catorniz, Paspalhós, Paspalhás, Calcaré, Calquiré, Cracolé, Carcalhota.*

A *codorniz* é comum e quási que residente durante todo o ano em Portugal. Em Março ou Abril chega do sul aninhando nos campos de trigo, de centeio e nos fenos, voltando para o sul em Setembro, Outubro e Novembro. Em certos anos, se o vento leste é muito persistente, já no mês de Agosto se nota o desaparecimento das codornizes. Em Dezembro e Janeiro, sempre com o vento leste, chega a codorniz de «arribação» (como dizem os caçadores) que é pequena e muito escura, em oposição à codorniz que se reproduz nos arredores do Porto que é grande e clara. A codorniz de «arribação» é caçada nas ervas, nos nabais, e nos juncos na região de Aveiro, nos meses de Dezembro, Janeiro e, às vezes, em Fevereiro.

Ordem TURNICIFORMES.

Família TURNICIDAE.

Genero TURNIX Bonnaterre.

4. Turnix sylvatica sylvatica (Desf.).

N. v. *Guião, Tourão, Tourão do mato, Urra-boi.*

O *guião* é muito pouco frequente em Portugal; nós apenas sabemos que ele tenha sido morto nos campos de Ovar, Estarreja e Aveiro durante a caça das codornizes, nos meses de Setembro, Outubro e Novembro. O sr. W. Tait diz que ele aparece durante todo o ano em Abrantes, aonde é conhecido pelo nome de *urra-boi.*

Ordem PTEROCLIDIFORMES.

Família PTEROCLIDAE.

Genero PTEROCLES Temminck.

5. Pterocles orientalis orientalis (L.).

N. v. *Cortiçol, Cortiçol da barriga negra, Ganga.*

O *cortiçol* é bastante comum e sedentário no Alentejo; nós temo-lo observado em bandos, durante a primavera, nas imediações de Elvas e Campo maior. No norte do País aparece muito raras vezes. Na foz do rio Ave apenas temos conhecimento dum exemplar morto em 19 de Janeiro de 1916.

6. Pterocles alchata alchata (L.).

N. v. *Cortiçol da barriga branca, Cortiçol, Ganga.*

Esta espécie frequenta as mesmas localidades que a precedente, mas em menor quantidade. Informaram-nos em Elvas que ela se reproduz naquele concelho e no de Campo Maior.

O sr. W. Tait diz que um exemplar desta espécie foi morto em Outubro de 1869 em Valadares, próximo do Porto.

Ordem COLUMBIFORMES.

Família COLUMBIDAE.

Genero STREPTOPELIA Bonaparte.

7. *Streptopelia turtur turtur* (L.).

N. v. *Rola.*

Desde Abril a Setembro que a *rola* é abundante em Portugal, reproduzindo-se indistintamente em todos lugares. No fim de Agosto, depois de concluída a reprodução, migra para a África, sendo na sua passagem muito dizimada pelos caçadores à rede e a tiro.

As rolas, como de resto todos os migradores do norte, preferem para as suas migrações os ventos do quadrante este-sul, a uma pequena distância do mar e graduando a altura do vôo pela violência do vento. Parece que as rolas adultas, assim como os cucos, partem para o sul primeiro que os juvenis, pelo menos os excepcionais casos em que as rolas adultas são apanhadas nas redes ou mortas a tiro, assim o fazem prever. Temos ouvido o canto da rola no País desde 18 de Março (1927) a 28 de Julho (1929).

Genero COLUMBA Linnaeus.

8. *Columba livia livia* Gm.

N. v. *Pomba brava, Pomba, Pombo bravo, Pombo.*

A *pomba brava* é bastante comum em Portugal, mas muito localizada. Reproduz-se em diversas localidades, sendo as margens escarpadas do rio Douro, a partir da Barca D'Alva, e as cavernas calcáreas da costa do Algarve, para o sul de Portimão, os seus lugares predilectos. Na costa do Algarve, em Trás-os-Montes e na

Beira Baixa a pomba brava vive na melhor camaradagem com o estorninho nidificando juntos.

9. Columba oenas oenas L.

A *C. oenas* é espécie bastante rara em Portugal; os exemplares existentes nos Museus de Lisboa, Porto e Coimbra foram todos obtidos durante o inverno e na província do Alentejo. Nós possuímos um exemplar adquirido na praça da Figueira, em Dezembro de 1911, que nos disseram ter sido morto, também, no Alentejo.

10. Columba palumbus palumbus L.

N. v. *Pombo torcaz, Pombo, Pomba.*

O *pombo torquaz* é comum e sedentário em muitas localidades do noroeste português; no concelho de Vila do Conde nidifica em bastantes localidades e no da Póvoa de Varzim também não é menos comum. Em Setembro começa a passagem para o sul de bandos que chegam do norte, mas em alguns anos já no fim de Agosto se nota a passagem de pombos para o sul. Durante o inverno é abundante no Alentejo.

Ordem RALLIFORMES.

Família RALLIDAE.

Genero RALLUS Linnaeus.

11. Rallus aquaticus aquaticus L.

N. v. *Frango-d'agua, Pita-d'herva, Pita-d'agua, Pinta-d'agua.*

O *frango-d'agua* é bastante comum no País e tem sido encontrado desde Setembro a Abril, com especialidade nos terrenos encharcados; mas parece fora de dúvida que ele se encontra durante todo o ano entre nós e que alguns casais aqui se reproduzem.

Genero CREX Bechstein.

12. Crex crex (L.).

N. v. *Pita-d'herva, Pita-do-mar, Pinta-d'herva, Pinta-brava, Codornizão, Pinto-bravo.*

O *pinto bravo* tem-se obtido em Portugal desde Setembro a Março, mas com muito pouca frequência; em Setembro, durante a caça às codornizes, é às vezes levantado pelos perdigueiros; mas, em regra, depois de lhe ter dado uma grande maçada.

Em Setembro de 1902 observamos nos arredores de Pitões, Barroso, alguns exemplares desta espécie.

Genero PORZANA Vieillot.

13. Porzana porzana (L.).

N. v. *Pita-d'herva, Pinta-d'herva, Franga-d'agua.*

A *pita-d'herva* é pouco comum em Portugal; nós temos obtido alguns exemplares da espécie durante os meses do outono e do inverno.

14. Porzana pusilla intermedia (Herm.).

N. v. *Pita-d'herva, Rabia-galega, Rabia-cornã.*

Pouco comum; desde Abril a Novembro; reproduzindo-se em terrenos encharcados.

15. Porzana parva (Scop.).

Desta espécie só temos conhecimento de dois exemplares obtidos no País, que existem nos Museus de Lisboa e do Porto. O do Museu do Porto obtivemo-lo nós nos terrenos dependentes da Estação Aquícola do rio Ave em 22 de Maio de 1903, conseguindo arrancá-lo das garras do *Gavião* (A. nisus) que se dispunha a devorá-lo.

Genero GALLINULA Brisson.

16. *Gallinula chloropus chloropus* (L.).

N. v. *Galinha-d'agua, Galinha do rio, Franga-d'agua, Rabocoelha, Rabiscoelha, Rabiacoelha, Galinhota, Galinhola.*

A *galinha-d'agua* é sedentária e muito comum em todos os rios, lagoas, valas e charcos do País. Durante a reprodução é particularmente abundante nos *pégos* e *chaboucos* do Ribatejo.

Genero FULICA Linnaeus.

17. *Fulica atra atra* L.

N. v. *Galeirão, Nágera, Viuva, Negra.*

O *galeirão* é comum e sedentário em Portugal, reproduzindo-se nos paúis do Ribatejo; mas é, principalmente, abundante durante o inverno, em que aparece em bandos enormes na ria de Aveiro, nas lagoas de Esmoriz e Óbidos e em outras grandes lagoas. Também não é raro em alguns cursos de água durante o inverno.

18. *Fulica cristata* Gm.

N. v. *Os mesmos da espécie precedente.*

A *F. cristata* é pouco comum em Portugal. O Museu do Porto possui um exemplar morto na Murtosa em Dezembro de 1921. Em 22 de Outubro de 1925, examinando vinte e sete *negras* que tinham sido mortas na lagoa de Esmoriz, duas pertenciam a esta espécie.

Genero PORPHYRIO Brisson.

19. *Porphyrio coeruleus* (Vandelli).

N. v. *Galinha sultana, Alqueimão, Camão, Caimão.*

Os Museus de Lisboa e Coimbra possuem diversos exemplares desta espécie. Em 1918 observamos em Vila do Conde, engaiolado, um exemplar desta espécie que tinha sido obtido no sul do País, mas sem indicação de localidade nem de época de captura. A ser verdadeira, como supomos que é, a captura deste espécime no País, verifica-se que a espécie ainda não está de todo extinta entre nós.

Ordem PODICIPEDIFORMES.

Família PODICIPEDIDAE.

Genero PODICEPS Latham.

20. *Podiceps ruficollis ruficollis* (Pall.).

N. v. *Mergulhão, Alça-cú.*

O *mergulhão* é comum e sedentário no País reproduzindo-se, geralmente, nas lagoas de Aveiro e Esmoriz.

21. *Podiceps cristatus cristatus* (L.).

N. v. *Mergulhão de crista.*

O *mergulhão de crista* é muito raro no País; nós apenas conhecemos os exemplares do Museu de Lisboa, que foram mortos pelo falecido Rei D. Carlos e os do Museu do Porto obtidos por nós na Murtosa (ria de Aveiro) em Dezembro de 1905.

22. *Podiceps nigricollis nigricollis* Brehm.

N. v. *Mergulhão, Cagarrás.*

O *cagarrás* é bastante comum; nós temo-lo observado no País desde Setembro a Fevereiro. Durante a primeira semana de Setembro de 1907 na foz do rio Ave foram obtidos seis indivíduos que formavam um bando, dos quais alguns ainda apresentavam a plumagem do estio. Quando os preparamos retiramos-lhe do estômago grande quantidade de plumas, que tinham sido arrancadas pelas aves em si próprias, entre as quais se distinguiam as plumas afiladas amarelo-dourado e ruivo-vivo da cabeça.

Ordem COLYMBIFORMES.

Família COLYMBIDAE.

Genero COLYMBUS Linnaeus.

23. *Colymbus immer* Brünn.

N. v. *Galgueirão da cal, Mobêlha.*

Muito raro durante o inverno na ria de Aveiro. Nós possuímos um exemplar que obtivemos na Murtosa em 17 de Dezembro de 1905.

24. *Colymbus arcticus arcticus* L.

N. v. *Mobêlha, Galgueirão da cal, Galo da cal.*

Raro, de inverno, na ria de Aveiro, mas um pouco mais comum que a espécie precedente. O Museu do Porto possui cinco exemplares obtidos por nós na Murtosa.

25. *Colymbus stellatus* Pontopp.

N. v. *Mergulhão, Mobêlha.*

Bastante mais comum que as espécies precedentes. Temos obtido diversos exemplares durante os meses de Dezembro, Janeiro e Fevereiro na foz do rio Ave, Vila do Conde, e na ria de Aveiro.

Ordem PROCELLARIIFORMES.

Família PROCELLARIIDAE.

Genero HYDROBATES Boie.

26. *Hydrobates pelagicus* (L.).

N. v. *Painho, Paim, Calca-mares, Alma de mestre.*

Obtidos na costa de Portugal apenas conhecemos dois exemplares: um que existe no Museu de Coimbra e outro na nossa colecção. O nosso exemplar foi-nos oferecido pelo maquinista da traineira de Lordelo do Ouro sr. Carlos de Azevedo, que o obteve na costa do Porto em 28 de Outubro de 1927.

Genero OCEANODROMA Reichenbach.

27. *Oceanodroma leucorrhoa leucorrhoa* (Vieill.).

N. v. *Painho, Paim, Alma de mestre, Calca-mares.*

Segundo as nossas observações pessoais, entre as três espécies de *painhos* que tem sido obtidos na costa e Portugal, esta é a mais comum de todas, chegando até, algumas vezes, a penetrar no interior da terra até grande distância do mar. Durante o inverno, depois de temporais, aparecem com certa frequência alguns exemplares mortos na praia. Em Dezembro de 1921 em um só dia, no cabedelo do Douro e Lavadores, obtivemos cinco exemplares desta espécie.

Genero OCEANITES Keyserling e Blasius.

28. *Oceanites oceanicus* (Kuhl).

N. v. *Painho (pescadores da Aforada).*

Desta espécie, obtidos na costa de Portugal, apenas conhecemos os exemplares mortos por D. Carlos de Bragança em Cascais, e cinco que nos foram oferecidos pelos pescadores da

Aforada, obtidos durante a pesca da sardinha na costa do Porto, em 24 e 26 de Agosto de 1927.

Família PUFFINIDAE.

Genero PUFFINUS Brisson.

29. *Puffinus gravis* (O'Reilly).

N. v. *Pardela de bico preto.*

A *pardela de bico preto* aparece na costa Portuguesa desde Setembro a Fevereiro; mas é particularmente abundante durante os meses de inverno. Os pescadores poveiros, durante a safra da sardinha, no inverno, caçam-na às centenas para se alimentar com a sua carne que é, segundo eles dizem, melhor que galinha.

30. *Puffinus kuhlii borialis* Cory.

N. v. *Pardela de bico branco, Pardela maranhôna.*

A *pardela maranhôna* é comum na costa Portuguesa desde Abril a Setembro, reproduzindo-se nas ilhas Berlengas. No dizer do pescador poveiro a pardela maranhôna só aparece no mês de S. Tiágo, e que a sua carne é muito inferior à da pardela de bico preto.

31. *Puffinus puffinus puffinus* (Brünn.).

N. v. *Fura-bucho.*

O *fura-bucho* é comum na costa de Portugal desde Agosto a Outubro. Em certos anos, quando a sardinha abunda, chegam a ser tão numerosos que os pescadores até os matam, a remo; mas noutros anos, quando a sardinha escasseia, são muito menos comuns. Os pescadores poveiros caçam-nos, para depois de esfolados, se alimentarem com a sua carne.

32. *Puffinus puffinus mauretanicus* Lowe.

N. v. *Fura-bucho.*

Aparece ao mesmo tempo que a espécie precedente na costa Portuguesa, mas em muito menor número. Nunca a observamos nos meses de estio nas excursões que temos efectuado na costa.

33. *Puffinus griseus* (Gm.).

N. v. *Pardéla preta.*

A *pardéla preta* é rara nos mares de Portugal; nas muitas excursões que temos efectuado ao longo da costa só uma única vez a encontramos no dia 29 de Outubro de 1905, reunida aos araus, às tordas mergulheiras e a outras pardélas, a uma distância aproximada a duas milhas de terra. O tempo estava muito quente ameaçando trovoada. Matamos um exemplar e vimos outros.

Ordem ALCIFORMES.

Família ALCIDAE.

Genero ALCA Linnaeus.

34. *Alca torda* L.

N. v. *Torda mergulheira, Arau de bico rombudo.*

O *arau de bico rombudo* é comum na costa Portuguesa desde Outubro a Março. Os exemplares que temos obtido em Outubro são, em geral, exemplares juvenis que aparecem juntos aos airos e às pardélas.

Genero ALLE Link.

35. *Alle alle alle* (L.).

O temporal que durante os dias 13 e 14 de Dezembro de 1914 açoutou a costa arremessou à praia de Azurara (Vila do Conde) um exemplar ♂ de *A. alle*. Quando o descobrimos na praia ainda se lhe notavam alguns restos de vida, mas pouco tempo depois morria. Este exemplar, único que supomos até hoje obtido no País, quando lhe analisamos o estomago apenas lhe encontrámos bílis.

Genero URIA Brisson.

36. *Uria aalge aalge* Pontopp.

N. v. *Arau, airo.*

O *arau* é uma das espécies que em maior número frequentam a costa Portuguesa, muito principalmente durante o outono e o inverno. Reproduz-se nas ilhas Berlengas, aonde temos obtido bastantes ovos, mas parece que, acidentalmente, também se reproduz em outras ilhotas da costa. Nos primeiros dias de Julho de 1908, uns rapazes apanharam entre os rochedos da praia, em Vila do Conde, um arau que pelo seu estado de desenvolvimento não devia ter muitos dias de existência nem ter nascido muito distante do local em que foi apanhado; provavelmente, nesse ano, algum casal de araus, se reproduziu nas fragas de Aguilhada ou das Cachinas, ilhotas pouco distantes do local.

Se consideramos os exemplares de arau obtidos na costa de Portugal como pertencendo ao tipo da espécie, levaram-nos a essa conclusão os resultados obtidos na atenta observação da plumagem e na mensuração dos muitos exemplares que possuímos de proveniência Portuguesa. Esses exemplares recolhidos em todos os meses do ano, portanto em plumagem de estio e de inverno, apresentam as dimensões seguintes: comprimento de asa, 187-195; de tarso, 35-37; de bico, 38-48 ^{mm}.

37. *Uria ringvia* Brünnich.

Esta espécie é de aparecimento acidental na costa Portuguesa; durante a nossa já longa vida de ornitólogo, apenas temos conhecimento da aparição no País de três exemplares: um que matamos nas fragas da Aguilhada em Janeiro de 1904; outro que obtivemos dos pescadores da Póvoa de Varzim, em Dezembro de 1908, e um outro que achamos morto na praia, em Vila do Conde, em 19 de Fevereiro de 1915. Este último exemplar apresentava uma particularidade digna de nota: o *rectum*, junto à cloaca, dilatava-se tomando a configuração de um papo de galinha repleto de alimento. Os dejectos acumulados neste saco e aderentes entre si, formavam uma bola de bastante consistência e com um diâmetro aproximado a 40 ^{mm}; de cor castanho avermelhado e com um cheiro característico.

Genero FRATERCULA Brisson.

38. Fratercula arctica.

N. v. *Papagaio do mar, Arau de crista.*

O *arau de crista* encontra-se ao longo da costa Portuguesa, geralmente durante o inverno; aparecendo muitas vezes depois de grandes temporais mortos na praia alguns exemplares. No inverno de 1914 e 1915 eram abundantes na praia, em Vila do Conde, os exemplares mortos.

O falecido Rei D. Carlos possuía na sua colecção exemplares desta espécie, que tinham sido mortos em Junho nas Berlengas e que apresentavam no bico as cores da primavera; nós possuímos, também, um casal de araus de crista que matamos no mar de Vila do Conde em 10 de Junho de 1913, mas que apresentavam, ainda, no bico as cores de inverno. Estes dois exemplares mediam de comprimento de asa, 146 a 147; do tarso, 25; do bico, 41; maior altura do bico, 26 ^{mm}.

Atendendo à grande variação que apresentam, nas dimensões, os araus de crista que temos obtido na costa de Portugal, abstemos-nos, por enquanto, de os atribuir a qualquer das formas conhecidas, deixando, para melhor oportunidade, o fazê-lo. Os exemplares do Museu do Porto apresentam uma diferença no comprimento da asa que vai de 130 a 155 ^{mm}.

Não sabemos como nem aonde o sr. W. Tait descobriu que os pescadores da Póvoa de Varzim davam a esta espécie o nome de *Passaro de figo*, quando nós que durante perto de trinta anos, que com eles convivemos, nunca lhe ouvimos dar a esta espécie outro nome que não fosse o de Arau de crista. Pelo nome de passaro de figo sempre os ouvimos designar a *Oidemia nigra*, assim como sempre os ouvimos também designar pelo nome de *Arau de bico* rombudo a *Alca torda.*

Há anos foi oferecido ao sr. Professor Dr. Mendes Correia, da Universidade do Porto, um indivíduo vivo que tinha durante a noite batido num reflector do Campo Entrincheirado, que ele conservou durante uns oito ou dez dias engaiolado, alimentando-o com mexilhão (*Mytilus edulis* L.); mas um dia, aconselhado pelo sr. W. Tait, principiou a alimentá-lo com espadilha (*Harengula latula* C. e V.); este, porém, recusou-se a tocar-lhe, deixando-se morrer de fome. Depois de morto, observando-lhe o estômago encontraram-no cheio de pequeníssimos bocados de madeira arrancados com o bico do caixote que lhe servia de gaiola.

Ordem LARIFORMES.

Família LARIDAE.

Genero CHLIDONIAS Rafinesque.

39. *Chlidonias niger niger* (L.).

N. v. *Gavina, Churréca, Gargéu, Grazina, Ferreirinho*

Comum em Portugal desde o fim de Julho a meados de Outubro; mas também já têm sido observados alguns exemplares em Novembro, Dezembro e Maio.

40. *Chlidonias leucopterus* (Temm.).

Muito pouco frequente em Portugal; nós apenas temos conhecimento da existência de quatro exemplares no Museu de Lisboa, de um no de Coimbra e de mais um outro que obtivemos na foz do rio Ave em 8 de Setembro de 1904.

41. *Chlidonias leucopareius leucopareius* (Temm.).

N. v. *Gaivina*

Esta *gaivina* é um tanto comum no sul de Portugal desde Maio a Novembro, reproduzindo-se em alguns paúis do Ribatejo. No norte é muito pouco frequente.

Genero GELOCHELIDON Brehm.

42. *Gelochelidon nilotica nilotica* (Gm.).

N. v. *Gaivina, Grazina, Tagaréla, Tagás, Chagás*

O *tagás* era um pouco comum, em outros tempos, na ria de Aveiro desde o princípio de Maio ao fim de Setembro; mas hoje quase se pode dizer ali extinta, tão raros são já os exemplares observados. Os lugares aonde ela aninhava foram ocupados pelo homem, afugentando-a a presença deste. Com o desaparecimento desta espécie perde a ria de Aveiro um dos seus mais belos ornamentos.

Genero STERNA Linnaeus.

43. *Sterna hirundo hirundo* L.

N. v. *Andorinha do mar, Gaivina, Gavina, Churréca, Grazina.*

A *andorinha do mar* é muito comum em Portugal desde o meado de Agosto ao fim de Outubro, sendo pouco frequente durante os meses de inverno.

Em Abril e Maio volta para o norte, aparecendo então em grandes bandos, já em plumagem de núpcias, na foz do rio Ave.

44. *Sterna macrura macrura* Naum.

N. v. *Gavina, Gaivina.*

Temos obtido exemplares desta espécie na foz do rio Ave durante os meses de Setembro e Outubro. Em Abril de 1927, foi morta num campo, a pouca distância do rio Ave, uma fêmea adulta, já em plumagem de estio, quando se entretinha na colheita de larvas de besouro que o arado tinha posto a descoberto. Este exemplar faz parte, actualmente, de uma colecção particular.

45. *Sterna albifrons albifrons* Pall.

N. v. *Churréca, Gavina, Garjéu, Grazina, Garréu, Tagaréla, Gavitas, Chureta, Chilrêta, Charrana, Ferreirinho.*

A *churréca* é comum em Portugal desde o princípio de Maio até Outubro, reproduzindo-se em pequenas colónias na costa da Torreira e na do Algarve. Nos meses de Agosto e Setembro é comum nos estuários dos rios do norte do País.

46. *Sterna dougali dougali* Mont.

Ao amanhecer do dia 26 de Abril de 1912, depois dum grande temporal na costa, foi encontrada no areal das Cachinas (Vila do Conde) pelo sr. M. Almeida da Silva, um exemplar desta espécie, exemplar que amavelmente nos ofereceu, e que, actualmente, faz parte da colecção Ornitológica do Museu de Zoologia da Universidade do Porto.

Este formosíssimo exemplar, que reputamos único de Portugal, apresentava já completa a plumagem de núpcias.

47. *Sterna sandvicensis sandvicensis* Lath.

N. v. *Gavina, Gaivina, Garzina, Gragéo, Gavites, Cavites, Gavito, Garão, Garan, Garajão.*

Esta espécie é comum em Portugal na época das passagens da primavera e do outono; mas não há dúvida nenhuma que uma pequena parte se conserva durante todo o ano no País, com especialidade no Algarve, aonde temos observado exemplares da espécie durante os meses de Maio e Junho, nas margens do Guadiana e nas costas sul e oeste; mas, contudo, nunca lhe encontramos os ninhos.

Genero XEMA Leach.

48. *Xema sabini* (Sabine).

Obtido pelos pescadores da Póvoa de Varzim entre 1887 e 1889, existe no Liceu Alexandre Herculano, fazendo parte da sua colecção Zoológica, o único indivíduo desta espécie que conhecemos de Portugal. Este exemplar, que devia fazer parte das colecções do Museu Zoológico da Universidade do Porto, aonde o seu lugar está naturalmente indicado, como uma raridade que é, está incluído numa colecção de estudo de Liceu, sujeito a desaparecer dum momento para outro, privando-se assim a ciência dum elemento de valor para o estudo da Fauna de Portugal.

Genero LARUS Linnaeus.

49. *Larus minutus* Pall.

A gaivota pequena é muito rara em Portugal; além do exemplar existente no Museu da Liga Naval, morto pelo falecido Rei D. Carlos, na Lagoa de Albufeira, só conhecemos os dez exemplares que matamos na barra do rio Ave no inverno de 1915 e 1916. Estes exemplares, faziam parte de um bando de mais de trinta indivíduos, na sua maioria juvenis.

50. *Larus melanocephalus* Temm.

Desta espécie, obtidos em Portugal, possui o Museu da Liga Naval três exemplares, o Museu Bocage um e o Museu da Universidade do Porto um também. Este último foi morto por nós na barra do rio Ave, a 6 de Dezembro de 1915, durante um grande temporal.

51. *Larus ridibundus ridibundus* L.

N. v. *Garrincho, Mascateira, Gagóza, Guincho, Garragina.*

O *garrincho* é abundante em Portugal desde Outubro a Abril; em princípio de Março começa a muda da plumagem e em Abril parte para o norte; muitas vezes na companhia do *L. fuscus affinis* e do *L. c. canus*. Já por mais de uma vez temos notado que alguns indivíduos, ainda não adultos, passam o estio connosco.

52. *Larus cannus cannus* L.

N. v. *Famêgo, Pardo famêgo, Gaivota*

O *famêgo* aparece em Portugal a partir de Novembro; não sendo muito raro, em alguns anos, na foz do rio Ave; com especialidade em exemplares juvenis. Os indivíduos adultos são pouco frequentes;

mas em Fevereiro de 1917 eram um pouco comuns na barra e estuário do Ave.

53. *Larus gelastes* Licht.

De Portugal apenas temos conhecimento do exemplar capturado na Figueira da Foz, em 10 de Maio de 1912 e existente no Museu Zoológico da Universidade de Coimbra.

54. *Larus audouini* Payraudeau.

O único exemplar conhecido do País, existente no Museu da Liga Naval, foi morto por D. Carlos de Bragança, na Ilha Balieira, em Abril de 1889.

55. *Larus marinus* L.

N. v. *Gaivota, alcatraz, Pardo moiro, Jov.*

Esta espécie é pouco comum nos nossos mares, com especialidade em indivíduos adultos. Nalguns anos, durante o inverno e em ocasiões de tempestade, aparecem na costa, penetrando nos estuários dos rios e na laguna de Aveiro, alguns indivíduos juvenis; porém, os adultos são sempre raros.

56. *Larus argentatus michahellesii* Bruch.

N. v. *Gaivota, Galfoeira, Falcoeira, Gaivota de manto de veludo, Alcatrás.*

Esta sub-espécie é comum e sedentária no País, reproduzindo-se nas ilhas Berlengas e em diversas ilhotas da costa do Algarve, com especialidade no Leixão da Gaivota, não muito distante da barra de Portimão.

57. *Larus fuscus affinis* Reinhardt.

N. v. *Gaivota, Galfoeira, Falcoeira, Alcatrás, Gaivota de manto de veludo.*

Esta espécie é abundante em Portugal desde os últimos dias de Agosto, estacionando durante os meses de Setembro e Outubro, em enormes bandos, ao longo da costa ou nos estuários dos rios. Durante as sementeiras do outono frequenta os campos em que o «pilado» ou «mexoalho» (*Polybius Henslowi*) é empregado como adubo, para se banquetear com ele. Em Abril volta para o norte, ficando um ou outro indivíduo, não adulto, durante todo ano.

58. *Larus hyperboreus* Gunn.

Esta gaivota é muito rara em Portugal; nós apenas temos conhecimento de dois indivíduos, um dos quais se encontra no Museu de Zoologia da Universidade do Porto e outro que observamos durante alguns dias na foz do rio Ave, em Outubro de 1908, sem que nos fosse possível, não obstante os esforços empregados, capturá-lo.

59. *Larus leucopterus* Faber.

Desta espécie, proveniente do País, apenas conhecemos o espécime obtido na barra do Douro em Novembro de 1912 e que, actualmente, faz parte da colecção zoológica do sr. Júlio dos Santos Silva.

60. *Larus fuscus fuscus* L.

O único exemplar que até hoje temos observado do País, foi obtido pelos pescadores da Póvoa de Varzim entre 1887 a 1889. Este exemplar fazia parte do Museu Brenha, assim como a *Xema sabini* encontra-se actualmente na posse do Liceu Alexandre Herculano da cidade do Porto.

Genero RISSA Stephens.

61. *Rissa tridactyla tridactyla* (L.).

N. v. *Bruto, Gaivota de bico de cana, Gaivota.*

Esta espécie aparece, vinda do norte, na costa Portuguesa durante os meses de inverno, sendo em certos anos muito comum e faltando, quase por completo, em outros. Parte para o norte em Março. Já uma vez a observamos na barra do Ave em Agosto de 1909.

Família STERCORARIIDAE.

Genero STERCORARIUS Brisson.

62. *Stercorarius skua skua* (Brünn.).

Desta espécie apenas temos conhecimento de três exemplares obtidos na costa portuguesa: um que existe no Museu da Liga Naval, outro no Liceu Alexandre Herculano e um outro numa colecção particular.

63. *Stercorarius pomarinus* (Temm.).

N. v. *Mandrião, Moleiro, Cagado.*

O *moleiro* é comum na costa Portuguesa durante o outono, mas já o temos também observado durante o inverno e a primavera. Na vigência dos grandes temporais penetra nos esturários dos rios aonde temos obtido diversos exemplares, mas nunca indivíduos adultos; esses, parece, não se arreceiam dos temporais.

64. *Stercorarius parasiticus* (L.).

N. v. *Cagado, Moleiro, Mandrião.*

Esta espécie é talvez mais comum que a precedente na costa portuguesa durante os meses de outono. No inverno também a temos observado; assim com na sua passagem para o norte em Abril. Os juvenis, durante os grandes temporais, penetram muitas vezes no estuário do Ave. Os moleiros são grandes inimigos das pequenas gaivotas e gavinas.

Ordem CHARADRIIFORMES.

Família CHARADRIIDAE.

Genero ARENARIA Brisson.

65. *Arenaria interpres interpres* (L.).

N. v. *Rola do mar, Rolinha, Pilha, Perna vermelha, Pirula, Borrêlho.*

Temos observado a *rola do mar* em abundância, desde os primeiros dias de Agosto aos últimos dias de Outubro, na foz dos rios Ave e Douro. Ao longo da costa, nos rochedos que são atingidos pelo mar, é muito frequente durante os meses de inverno. Em Maio e princípio de Junho aparece na foz do rio Ave, já em plumagem de estio, aos bandos, seguindo depois para o norte; geralmente em companhia de *C. alba* e outros maçaricos.

Genero HAEMATOPUS Linnaeus.

66. *Haematopus ostralegus ostralegus* L.

N. v. *Ostraceiro, Pega do mar.*

O *ostraceiro* não é raro em Portugal desde o princípio de Agosto a Janeiro; mas nas imediações da foz do rio Ave é, em especial, muito frequente nas fragas da Aguilhada durante os meses de Agosto e Setembro, principalmente em indivíduos juvenis. Durante o mês de Janeiro temos obtido alguns exemplares adultos ao longo da costa. Nunca o observamos durante a primavera; mas o sr. W. Tait diz que o viu em Maio na barra de Portimão.

Genero VANELLUS Brisson.

67. *Vanellus vanellus* (L.).

N. v. *Galispo, Avecoinha, Avetoninha, Patoninha, Coim, Ave-fria, Pendre, Aguas-neves, Abecuinha, Abibe, Verdinzela, Choradeira, Matoninha, Mula, Bibes, Ventoninho, Abecoinha, Abescoinha.*

O *galispo* é um visitante de inverno que chega do norte em grandes bandos durantre o mês de Novembro; mas, numa certa quantidade, observa-se no País durante todo ano.

Na foz do rio Ave temos obtido durante o mês de Julho exemplares juvenis ainda com restos de penugem do ninho e, nos meses de Agosto e Setembro, no mesmo local, temos visto bandos, já relativamente importante mesma espécie.

Em excursões nas margens do rio Guadiana temos encontrado diversos galispos nos meses de Maio e Junho; e, na ria de Aveiro também o temos observado em pequenos bandos no mês de Julho. Em Março e Abril volta para o norte, mas, então já uma grande parte dos exemplares apresentam a plumagem de núpcias.

Genero SQUATAROLA Cuvier.

68. *Squatarola squatarola squatarola* L.

N. v. *Tarambola, Pildra, Pildra preta, Marinho, Marinho Branco.*

A *tarambola* chega do norte em Outubro; mas em alguns anos já em Setembro temos obtido exemplares, tanto à beira mar como no estuário do rio Ave. Em Maio, de volta para o norte, aparece na foz deste mesmo rio em pequenos bandos; mas então a maioria dos exemplares apresenta já a plumagem de núpcias completa. Esta espécie é um pouco menos frequente que a douradinha.

Genero CHARADRIUS Linnaeus.

69. *Charadrius apricarius* L.

N. v. *Douradinha, Tarambola, Pildra, Pildra dourada, Marinho, Tordeia do mar.*

A *douradinha* chega à foz do rio Ave em grandes bandos, de passagem para o sul, durante o mês de Outubro, preferindo os ventos do quadrante este-sul para as suas migrações do norte. Durante o inverno observam-se bastantes indivíduos desta espécie nas rias de Faro e Aveiro. Em Março e Abril regressa ao norte em grandes bandos, mas nessa data já um grande número de exemplares apresenta a plumagem de inverno mudada na sua maior parte.

70. *Charadrius morinellus* L.

O *morinelos* é uma espécie rara em Portugal; à excepção do exemplar existente no Museu Bocage morto em Setembro na Estremadura, só conhecemos do País os três exemplares da nossa colecção que, actualmente, fazem da parte da colecção do Museu do Porto. São estes exemplares: uma fêmea adulta em plumagem de núpcias, que nos foi oferecida pelo nosso prezado amigo sr. Adolfo de Oliveira, morta em 28 de Julho de 1902, junto ao castelo da foz do rio Ave, e dois indivíduos juvenis mortos por nós, no mesmo local, em Outubro e Novembro de 1914 e 1915.

71. *Charadrius hiaticula hiaticula* L.

N. v. *Borrêlho, Colado, Colapo, Maçarico, Lavandeira, Guleira.*

O *borrêlho* é abundante em Portugal durante o inverno, chegando do norte em Agosto e Setembro. Em Março e Abril volta para o norte; mas anos há que, ainda em Maio, se observam nos areais da costa alguns exemplares. Das três espécies de borrêlho que aparecem no País é esta a mais abundante.

72. *Charadrius dubius curonicus* Gm.

N. v. *Borrêlho, Curre-curre, Colado, Maçarico, Carpido, Areeiro, Passarinho de areia, Corricão, Guleira.*

Esta espécie chega a Portugal na primavera – fins de Março ou princípios de Abril – cria nas ilhotas e margens areentas de diferentes rios do País, pondo em Maio. Em Agosto e Setembro, quando efectua a passagem para o sul, aparece em certa quantidade na foz dos rios Douro e Ave. Nunca o observamos no inverno.

73. *Charadrius alexandrinus alexandrinus* L.

N. v. *Borrêlho, Colado, Colapo, Coleira, Curre-curre, Maçarico e Goleira.*

Esta espécie é comum em Portugal nos areais da costa durante a época da reprodução. Os seus ovos, que temos encontrado por diversas vezes, são postos pela ave sobre a areia, numa simples depressão, sem preparo algum ou, quando muito, rodeados de pequenos seixos ou de fragmentos de conchas, nos meses de Maio e Junho. Em Setembro e Outubro, durante a passagem para o sul, aparece na foz do rio Ave reunido aos outros maçaricos. A captura de diversos exemplares que durante os meses de inverno temos feito, prova-nos que a espécie é, pelo menos em parte, sedentária em Portugal.

Genero HIMANTOPUS Brisson.

74. *Himantopus himantopus himantopus* (L.).

N. v. *Pernilongo, Tremilongo, Fusiloa, Pernalong, Pernilonga, Milherango, Sovela.*

O Dr. Paulino de Oliveira diz que esta espécie se encontra no País desde Maio a Setembro e que no Museu de Lisboa existe um exemplar capturado em Dezembro. Nós também sempre a temos observado desde Maio a Setembro. Na foz do rio Ave, em certos anos, aparece com bastante frequência durante o mês de Maio. Não obstante as explorações efectuadas, durante a nossa longa permanência em Vila do Conde, nunca descobrimos que a espécie se reproduzisse nas proximidades deste rio. Até hoje, o único sitio do País de que temos a certeza ela se tenha reproduzido, foi na lagoa de Esmoriz, em Junho de 1929.

Genero RECURVIROSTRA Linnaeus.

75. *Recurvirostra avocetta avocetta* L.

N. v. *Sovela, Alfaiate, Frade.*

O *sovela* tem aparecido em Portugal com certa frequência, desde a lagoa de Esmoriz para o sul, nos meses de Março, Abril, Agosto, Setembro, Outubro e Dezembro. Os exemplares que possuíamos na nossa colecção obtivemo-los na Murtosa, durante os meses de Setembro e Outubro. No Museu do Porto, existem diversos exemplares provenientes do Ribatejo, mas sem indicação de data captura.

Genero NUMENIUS Brisson.

76. *Numenius arquata arquata* (L.).

N. v. *Maçarico real, Grual.*

O *maçarico real* é muito comum em Portugal durante o outono e o inverno; é um dos migradores do norte que chega mas cedo, sendo também um dos que primeiro regressa. Em bandos enormes chega do norte à foz do rio Ave nos primeiros dias de Julho; em bandos enormes volta também para o norte nos primeiros dias de Março.

É uma ave muito astuta, sendo dificílimo o aproximar-se-lhe. Alguns exemplares conservam-se durante todo ano em Portugal.

77. *Numenius tenuirostris* Viell.

Não nos consta que se tenha obtido em Portugal outro exemplar além do único que existe no Museu Bocage, em Lisboa, proveniente do Ribatejo.

78. *Numenius phaeopus phaeopus* (L.).

N. v. *Fuzela, Maçarico galego, Meio maçarico.*

A *fuzela* chega do norte em grande quantidade em Agosto e Setembro, mas em alguns ano já em Julho temos notado a sua passagem para o sul. Migra de noite, chamando-se constantemente. Volta para o norte em Abril e em Maio, preferindo para as suas migrações manhãs de vento norte; seguindo à beira-mar, a grande altura, em bandos muito compactos, constantemente a *assobiar* como se receasse, apesar de ser dia, extraviar-se. De tarde, em geral, estes bandos abatem o voo no areal da costa, nos estuários dos rios e nos campos lavrados de pouco, para recolherem as larvas de besouros. Esta espécie é pouco frequente durante o inverno e de muito mais fácil caça que *N. arquata*.

Genero LIMOSA Brisson.

79. *Limosa limosa limosa* (L.).

N. v. *Milherango, Milhurango.*

O *milherango* é pouco comum em Portugal, chega do norte em Setembro ou Outubro e regressa em Março. Na foz do rio Ave temos obtido alguns exemplares em Março, quando da sua passagem para norte. Na Murtosa temo-la obtido no inverno.

80. *Limosa laponica laponica* (L.).

N. v. *Parda, Fuzela nova, Grualeta.*

Esta espécie é muito comum em Portugal durante os meses de Agosto e Setembro, sendo morta em grande quantidade nos estuários dos rios e na ria de Aveiro, por ser muito confiada. Durante os meses de inverno é pouco frequente. No seu regresso prefere os dias de vento norte muito forte, causando até admiração como esta ave pode voar contra vento tão impetuoso que, às vezes, chega a ser difícil a um homem conservar-se de pé na praia. Esta espécie, quando regressa ao norte, na sua maior parte, ostenta já a bela plumagem ruiva do estio.

Genero TRINGA Linnaeus.

81. *Tringa erythropus* (Pall.).

Esta espécie é muito rara em Portugal; o Dr. Paulino de Oliveira menciona um exemplar existente no Museu de Lisboa e nós possuímos outro; o nosso exemplar é uma fêmea que matámos no estuário do rio Ave em 16 de Setembro de 1911. O sr. W. Tait diz que em Aveiro têm sido obtidos exemplares em Agosto e Setembro, sem, contudo, indicar quem os obteve, o dia e o número de exemplares obtidos. Nós temos efectuado muitas excursões na ria de Aveiro, mas nunca ali observámos exemplar algum da espécie.

82. *Tringa nebularia* (Gunnerus.).

Esta espécie aparece na foz do rio Ave, de passagem para o sul, em fins de Agosto e durante os meses de Setembro e Outubro. Na volta para o norte, já com a plumagem de núpcias, aparece em fins de Abril e em Maio. Não é comum, mas em todos os anos ali se observam alguns exemplares.

83. *Tringa totanus totanus* (L.).

N. v. *Perna vermelha, Chalreta, Fuselo, Sanheiro, Maçarico.*

O *perna vermelha* aparece abundantemente em Portugal, de passagem para o sul, na primeira semana de Junho, conservando-se até ao fim de Setembro; nos meses de inverno observam-se alguns exemplares nas rias de Faro e de Aveiro, mas sua grande maioria passa para a África. Em excursões efectuadas na costa, em Maio e Junho, temos notado a presença desta espécie com certa frequência, o que nos faz crer que ela se reproduza no País, embora nunca lhe tenhamos encontrado os ovos. Em Abril e Maio, já com a plumagem de estio, efectua a viagem de retorno. Durante as suas migrações é uma das espécies mais comuns do género em Portugal.

84. *Tringa glareola* L.

Temos observado, mas com muita irregularidade, esta espécie na foz do rio Ave durante os meses de Agosto e Setembro, tendo obtido diversos exemplares. O Dr. Paulino de Oliveira informa que esta espécie era abundante, na lagoa de Esmoriz, em Agosto de 1893, aonde obtivera muitos exemplares.

85. *Tringa ochropus* L.

N. v. *Areeiro, Grim-grim, Fradinho, Pássaro bique-bique, Bite-bite, Lavandeira.*

Temos observado esta espécie, mas não com grande número, durante a sua passagem para o sul, nos meses de Agosto e Setembro. Nos terreiros encharcados de Estarreja e Aveiro conserva-se até mais tarde. Na Barca d'Alva é comum durante os meses de inverno e no alto Tâmega aparece no mês de Julho.

86. *Tringa hypoleucus* L.

N. v. *Maçarico das rochas, Lavacú, Areeiro, Rolinha do mar, Lavandeira, Maçarico.*

O *maçarico das rochas* é abundante em todos os rios do País, durante a sua passagem para o sul, nos meses de Julho a Outubro. Uma pequena parte conserva-se durante o inverno entre nós, mas na sua maioria hiberna no norte de África. Em princípio de Março inicia a sua viagem de retorno ao norte, mas um certo número conserva-se em Portugal nidificando em diferentes rios.

Genero PHILOMACHUS Anonimo.

87. *Philomachus pugnax* (L.).

Na foz do rio Ave temos obtido diversos exemplares desta espécie, durante o mês de Setembro, a maioria dos quais são indivíduos juvenis. Passa o inverno em África, voltando ao norte em Março.

Genero CROCETHIA Billberg.

88. *Crocethia alba* (Pall.).

(= Cal arenária).

N. v. *Maçarico, Pilrito, Burrêlho, Sanderlingo.*

Esta espécie é abundante em Portugal durante a passagem do outono, chegando do norte em Agosto, Setembro e Outubro. Nos meses de inverno, em lugares apropriados, observam-se alguns exemplares, mas a maioria da espécie passa a hibernar em África. Em Maio, já em plumagem de núpcias, volta para o norte em grandes bandos, ao mesmo tempo que a *A. interpres* e a *C. alpina.*

Na foz do Douro, em Matosinhos e em Leça temos ouvido dar a esta espécie o nome *sanderlingo.* Segundo o naturalista sr. Albert Granger[2] o nome de *sanderling* dado a esta ave é tirado do irlandês *sand* (areia) e *erla* (lavandisca), porque esta ave prefere as praias areêntas.

Na foz do rio Ave, quando da passagem da espécie na primavera e outono, muitas vezes tivemos ocasião de apreciar a justeza desta denominação, pois nunca nos foi permitido observar, nos sítios lodosos, a permanência desta espécie.

Genero LIMICOLA Koch.

89. *Limicola falcinellus falcinellus* (Ponte.).

Numa excursão efectuada em 8 de Outubro de 1914, foi morto pelo nosso companheiro de excursão e particular amigo sr. João Botelho, na confluência do ribeiro de Frades com o rio Ave, um exemplar desta espécie, o único que conhecemos de Portugal.

---

[2] *Répertoire Etymologique des noms Français et des dénominations vulgaires des Oiseaux*, pág. 65.

90. *Calidris minuta minuta* (Leisle.).

N. v. *Maçarico.*

Temos observado em Portugal a *C. minuta* desde os primeiros dias de Agosto aos primeiros dias de Novembro. Em certos anos é bastante comum na foz do rio Ave, aonde a temos observado em bandos de seis a vinte indivíduos. Como sucede com outros maçaricos, os primeiros arribados ainda apresentam a plumagem de núpcias.

91. *Calidris temminckii* (Leisl.).

O Museu de Coimbra possui um exemplar desta espécie, morto em Esmoriz pelo Dr. Paulino de Oliveira, e o Museu de Lisboa possui outro morto em Sobralinho.

92. *Calidris testacea* (Pallas.).

N. v. *Maçarico, Borrêlho.*

Esta espécie é um pouco mais comum que a *C. minuta*, sem, contudo, ser da abundância da *C. alpina*. Chega a Portugal em Agosto. Alguns indivíduos à chegada ainda se lhe observa na face inferior a bela cor ruiva da plumagem de núpcias. Na ria de Aveiro temos observado exemplares da espécie durante os meses de inverno.

93. *Calidris alpina alpina* (L.).

N. v. *Maçarico, Borrêlho, Pirlito, Pirlito do peito preto.*

Temos notado na foz do rio Ave que a passagem desta espécie para o sul se inicia em Julho, sendo, contudo, no decorrer de Setembro a força da passagem. Nas rias de Aveiro e Faro observam-se durante o inverno e, alguns exemplares, durante todo o ano, mas ignoramos se nidifica em Portugal. É a espécie do género que em maior abundância nos visita. Na passagem para o norte, em Abril e Maio, apresenta já a plumagem de núpcias.

Entre os muitos exemplares que temos obtido em Portugal, notam-se diversos com as dimensões que são atribuídas à sub-espécie *C. a. Schinzii*; assim como, também, alguns exemplares com as dimensões da *C. a. americana*, pelo que, supomos, estas duas formas aparecem em Portugal ao mesmo tempo que a espécie tipo.

94. Calidris maritima maritima (Brünn.).

N. v. *Maçarico.*

Pouco comum. Chega do norte em Novembro, conservando-se até Março ou Abril nos rochedos da praia, pelo menos nas fragas da Aguilhada e do Castelo da foz do Ave. Os indivíduos obtidos em Abril, já apresentam a plumagem com os reflexos purpurinos da plumagem de estio. Nunca a encontrámos para o sul de Lavadores, proximidades da foz do rio Douro.

95. Calidris canutus canutus (L.).

N. v. *Seixoeira, Ruiva, Passarinho d'arribação, Maçarico, Borrêlho.*

A *seixoeira* é comum em Portugal durante a passagem do outono; os primeiros migradores chegam em Agosto, mas a maioria da espécie só em Setembro e Outubro efectua a sua passagem para o sul, conservando-se um certo número de exemplares, durante todo ano no País. Em Maio, já com a bela plumagem de estio, aparece aos bandos na foz do rio Ave de passagem para o norte. Temos notado que esta espécie, ao contrário do que sucede com a maioria dos maçaricos, quando chega do norte já apresenta a plumagem cinzento esverdeado, do outono, completa.

Genero CAPELLA Frenzel.

96. Capella gallinago gallinago (L.).

N. v. *Narceja, Cabra do monte, Bérra, Arregacha, Garceja.*

A *narceja* é sedentária em Portugal nos concelhos de Montalegre, Chaves, Boticas e Vila Pouca de Aguiar. No resto do País observa-se desde Agosto a Março; mas é particularmente comum nos meses de Novembro, Dezembro e Janeiro. Na foz do rio Ave algumas vezes observámos a passagem para o sul de pequenos bandos de narcejas nos meses de Setembro, Outubro e Novembro e, os caçadores à rede, algumas vezes as caçavam nas redes que armavam para a caça das rolas. Na sua passagem para o norte, em Fevereiro e Março, aparece nos lugares encharcados das proximidades da foz do rio Ave e das ribeiras de Labruge e Silvares, levantando-se aos bandos, o que tem permitido a alguns caçadores abaterem dum só tiro dois e três exemplares. A permanência destes bandos nos lugares indicados é de pouca duração.

97. *Capella media* (Lath.).

A *narceja média* é considerada uma espécie muito rara em Portugal. Nos catálogos das aves Portuguesas apenas vêm citados dois indivíduos; nós, além destes, temos conhecimento de mais dois, mortos nos arredores do Porto: um em 14 de Outubro[3] de 1905 e outro em Fevereiro de 1926. O primeiro em Leça da Palmeira, junto do ribeiro da Boa Nova e o segundo em Lavra.

Genero LIMNOCRYPTES Kaup.

98. *Limnocryptes minimus* (Brünn).

N. v. *Serzeta, Narceja pequena, Narceja galega.*

Esta espécie encontra-se em Portugal desde o princípio de Setembro a Fevereiro. Em mais do que um ano temos obtido exemplares desta espécie no primeiro de Setembro, dia de abertura de caça. É menos frequente que a narceja comum e de mais fácil caça.

Genero SCOLOPAX Linnaeus.

99. *Scolopax rusticola rusticola* L.

N. v. *Galinhola.*

A *galinhola* é espécie de arribação, chegando do norte em fins de Outubro ou princípios de Novembro e regressando ao norte em fins de Fevereiro ou Março. O inverno de 1917 e 1918, foi abundantíssimo de galinholas, pois que, até nas dunas à beira-mar, nos ribeiros e nos quintais apareceram. Em 18 de Novembro de

---

[3] Este exemplar foi-nos indicado pelo sr. Júlio F. dos Santos Silva.

1895, ao escurecer, quando regressávamos de uma excursão, em Valongo, observámos um bando de oito galinholas que voavam em direcção ao sul.

Genero PHALAROPUS Brisson.

100. *Phalaropus lobatus* (L.).

Desta espécie, obtidos em Portugal, apenas conhecemos dois exemplares: um morto em Estarreja, que existe no Museu de Coimbra, e outro capturado pelo nosso amigo sr. Dr. Elísio de Sousa, na lagoa de Esmoriz em 1929. Ambos estes exemplares foram obtidos em Setembro.

101. *Phalaropus fulicarius* (L.).

Esta espécie é de aparecimento muito irregular em Portugal, faltando por completo anos seguidos, para ser relativamente vulgar em outros. Temos obtido diversos exemplares durante os meses de Setembro, Outubro, Novembro e Dezembro.

Família CURSORIIDAE.

Genero CURSORIUS Latham.

102. *Cursorius cursor cursor* (Lath.).

Não nos consta que tenha sido obtido em Portugal senão o indivíduo morto em Leça da Palmeira, pelo sr. John Symington, em 4 de Outubro de 1928.

Família GLAREOLIDAE.

Genero GLAREOLA Brisson.

103. *Glareola pratincola pratincola* (L.).

N. v. *Perdiz do mar, Andorinha do mar*

A *perdiz do mar* é muito rara em Portugal. Os poucos exemplares, de que temos conhecimento existirem nos Museus de Lisboa e Coimbra, foram todos obtidos, em Maio, no Ribatejo e em Estarreja. O que existe no Museu do Porto foi morto por nós, na foz do rio Ave, em 27 de Maio de 1918 e fazia parte da nossa colecção.

Família OEDICNEMIDAE.

Genero BURHINUS Illiger.

104. *Burhinus oedicnemus oedicnemus* (L.).

N. v. *Alcaravão, Alcorão, Algrubão, Algravão, Perluís, Pirolís, Sizão, Galinha do mato*

O *alcaravão* é sedentário no País, mas na sua maior parte é migrador. Reproduz-se com certa frequência nos areais da costa e em determinados sítios do interior. É espécie de dupla passagem, mais abundante no inverno. Os que se reproduzem nas dunas da beira-mar, assim como as criações, desaparecem no princípio de Agosto, isto é, antes da abertura da caça.

Família OTIDIDAE.

Genero OTIS Linnaeus.

105. *Otis tarda tarda* L.

N. v. *Abetarda, Batarda*

A *abetarda* é uma espécie que raras vezes se observa no norte do País, mas no sul é bastante comum, muito principalmente no Alto Alentejo, aonde se reproduz. No campo de Elvas encontramo-la em abundância no mês de Maio de 1907, sendo-nos asseverado nessa ocasião, pelos caçadores que nos acompanhavam na excursão, que a espécie era sedentária, mas que os machos adultos desapareciam durante os meses de inverno.

106. *Otis tetrax tetrax* L.

N. v. *Cizão, Batarda pequena*

O *cizão* aparece em todo o País, mas com muito mais frequência no sul, aonde se reproduz. Nas proximidades do Porto é de passagem, e não muito raro em certos anos, nos campos próximos do mar, desde Julho a Outubro.

Ordem GRUIFORMES.

Família GRUIDAE.

Genero MEGALORNIS Gray.

107. *Megalornis grus grus* (L.).

N. v. *Grou*

O *grou* é um migrador do sul que nos visita em pequeno número durante os meses de inverno, tendo-se obtido no Ribatejo e no Alentejo. Os campos de Beja são os lugares de sua predilecção no País e os únicos aonde temos observado alguns exemplares da espécie.

Genero ANTHROPOIDES Vieillot.

108. *Anthropoides virgo* (L.).

O único exemplar conhecido de Portugal foi obtido no Alentejo (Guadiana) em 1893 e fazia parte da colecção ornitológica do falecido Rei D. Carlos.

Ordem ARDEIFORMES.

Família IBIDAE.

Genero PLEGADIS Kaup.

109. *Plegadis falcinellus falcinellus* (L.).

N. v. *Maçarico preto*

O *maçarico preto* é raro em Portugal. Tem-se encontrado da lagoa de Esmoriz para o sul nos meses de Julho a Novembro.

Família PLATALEIDAE.

Genero PLATALEA Linnaeus.

110. *Platalea leucorodia leucorodia* L.

N. v. *Colhereiro*

O *colhereiro* tem-se obtido durante as passagens da primavera e outono; mas é pouco frequente em Portugal. Nós temo-lo observado na foz do rio Ave e na ria de Aveiro no outono; mas, também, já o temos visto na costa do Algarve durante o mês de Maio.

Família CICONIIDAE.

Genero CICONIA Linnaeus.

111. *Ciconia ciconia ciconia* (L.).

N. v. *Cegonha, Cegonha branca*

A *cegonha* é bastante frequente em certas localidades do País durante os meses da primavera, do estio e do outono; mas, também, já uma vez observámos na Estação Aquícola do Ave dois exemplares de cegonha, provenientes da Casa Branca, Alentejo, com a indicação de terem sido mortos em Dezembro. Nos arredores do Porto aparece acidentalmente. Em Abril de 1927 observámo-la, algumas vezes, a voar por sobre a cidade em bandos que iam de dois a sete indivíduos.

112. *Ciconia nigra* (L.).

N. v. *Cegonha preta, Cegonha negra*

A *cegonha preta* em Portugal é muito menos frequente e mais localizada do que a branca; os sítios mais quentes e de mais precipícios, das províncias de Trás-os-Montes e Beira-Baixa, são aqueles aonde a temos obtido, assim como aos ovos. Os exemplares dos Museus de Lisboa e de Coimbra foram obtidos no sul; os do Museu do Porto obtivemo-los em Freixo de Espada à Cinta; mas já em Agosto de 1907 também obtivemos, na foz do rio Ave, um indivíduo juvenil que seguia para o sul.

Família ARDEIDAE.

Genero ARDEA Linnaeus.

113. *Ardea cinerea cinerea* L.

N. v. *Garça, Garça real*

A *garça real* é comum em todos os grandes cursos de água do País, mas com especialidade no inverno. Chega do norte em Agosto ou Setembro, conservando-se entre nós até Março e Abril, excepcionalmente até Maio. Em 10 de Maio de 1923 foi morta, na foz do rio Ave, uma fêmea que apresentava já os ovários bastante desenvolvidos.

114. *Ardea purpurea purpurea* L.

N. v. *Garça, Garça vermelha*

A *garça vermelha* é uma migradora do sul que nos visita no estio, reproduzindo-se em diversos pauis da Estremadura. No rio Águeda, afluente do rio Douro, também a temos encontrado em Maio. Na foz do rio Ave aparecem, excepcionalmente, durante o mês de Setembro, alguns indivíduos juvenis.

Genero ARDEOLA Boie.

115. *Ardeola ralloides ralloides* (Scop.).

N. v. *Papa-ratos*

Esta espécie é rara no País, com especialidade no norte; os exemplares dos Museus de Lisboa e Coimbra foram obtidos no sul e durante o mês de Maio. Do norte apenas conhecemos dois exemplares: um morto nas margens do rio Corgo, e outro na foz do rio Ave em 15 de Maio de 1905. O Museu do Porto não conta exemplar algum nas suas colecções.

116. *Ardeola ibis ibis* (L.).

N. v. *Garça*

Esta espécie é pouco comum em Portugal sendo, contudo, mais frequente no sul. Os exemplares dos Museus de Coimbra e Lisboa foram obtidos nos meses de Março e Maio. O Museu do Porto não possui representante da espécie. Na foz do rio Ave foi morto, em 20 de Abril de 1904, um exemplar fêmea que actualmente existe numa colecção particular em Vila do Conde.

Genero IXOBRYNCHUS Billberg.

117. Ixobrynchus minutus minutus (L.).

N. v. *Garçôto, Garçóte, Garcênho, Garça pequena*

O *garcênho* é um comum e regular migrador do estio, encontrando-se em Portugal desde Março a princípios de Outubro, reproduzindo-se em diversas localidades. Nas margens do rio Ave, o que muito nos tem surpreendido, só lhe temos encontrado os avos durante o mês de Agosto. Entre as caniças das proximidades da ria de Aveiro temo-los obtido mais cedo.

Genero BOTAURUS Stephens.

118. Botaurus stellaris stellaris (L.).

N. v. *Abetouro, Betouro, Ronca, Touro-paul, Touro, Pardal-boi*

O *abetouro* aparece, com pouca frequência, durante o outono e inverno no País, mas já o temos observado em Maio. Diz-se que alguns indivíduos são sedentários e que se reproduzem no paul da Foja, junto a Montemor-o-Velho.

Genero EGRETTA Froster.

119. Egretta garzetta garzetta (L.).

N. v. *Garça branca, Garcêta, Garça ribeirinha, Garzeta do mar.*

A *garcêta* é comum na costa do Algarve, criando em grande quantidade no Leixão da Gaivota, bloco enorme de calcáreo, isolado pelo mar e de dificílimo acesso, mas proximidades da barra de Portimão. Durante o outono tem-se obtido exemplares da espécie na lagoa de Esmoriz e na ria de Aveiro.

Genero NYCTICORAX Froster.

120. Nycticorax nycticorax nycticorax (L.).

N. v. *Gorás?*

O *gorás* é raro em Portugal; a demonstrá-lo está o número reduzido de exemplares existentes nos Museus de Lisboa e Coimbra. Do norte do País só temos conhecimento dum indivíduo, morto em Maio de 1929 em Passos de Ferreira e, actualmente, na posse do Dr. Elisio de Sousa. Não tem representante nas colecções do Museu do Porto.

Ordem PHOENICOPTERIFORMES.

Família PHOENICOPTERIDAE.

121. Phoenicopterus ruber antiquorum Temm.

N. v. *Flamingo*

Esta espécie é rara e de aparecimento irregular em Portugal. Já uma vez, em Maio de 1919, observamos na foz do rio Ave, um pequeno bando de *flamingos*, e na ria de Aveiro tem sido observado por diversas vezes e algumas em bandos bem numerosos. O nosso prezado colega sr. António Mendes, do Museu Bocage, informou-nos que o flamingo por diversas vezes se tem reproduzido em Pancas, margem esquerda do Tejo, próximo a Alcochete.

Ordem ANSERIFORMES.

Família ANATIDAE.

Genero CYGNUS Bechstein.

122. *Cygnus cygnus* (L.).

(= A. ferus).

N. v. *Cisne bravo.*

No dia 1 de Janeiro de 1907, com grande serração no mar, apareceu na foz do rio Ave um bando de cinco cisnes, dois adultos e três juvenis, que a sofreguidão dos caçadores da localidade afugentou sem terem conseguido obter exemplar algum. Este bando seguindo para o norte foi abater o voo à lagoa da Apulia, aonde foram mortos dois exemplares. O sr. Eurico Veloso possui na sua colecção um indivíduo desta espécie, morto por seu pai na ria de Aveiro.

Genero ANSER Brisson.

123. *Anser anser* (L.).

N. v. *Ganso bravo.*

O *ganso* não é raro em Portugal durante o inverno; temos observado exemplares obtidos em diversos rios; os da nossa colecção foram mortos nuns terrenos encharcados que existem na foz da ribeira de Silvares, a uns dois quilómetros ao sul da barra do rio Ave.

124. *Anser albifrons* (Scopoli).

O único exemplar desta espécie de que temos conhecimento fosse obtido em Portugal, foi morto no campo do Rodão, em Leça da Palmeira, em 4 de Fevereiro de 1906, pelo nosso malogrado amigo sr. Luís Mexia, que nos fez presente dele.

125. *Anser fabalis fabalis* (Latham).

(= A. segetum).

N. v. *Ganso bravo*

O *ganso bravo* é uma espécie que nos visita no inverno, mas com pouca frequência. Nunca o encontramos no norte do País. Os poucos exemplares que nos tem sido dado observar, todos eles foram obtidos no Ribatejo.

Genero BRANTA Scopoli.

126. *Branta bernicola bernicola* (L.).

Desta espécie só conhecemos o indivíduo morto na barra do rio Ave, pelo sr. João da Cunha Santos, em 10 de Janeiro de 1918 e que nos fez presente dele. Era uma fêmea que apresentava o esófago e o estômago repletos de algas.

Actualmente encontra-se, este exemplar, no Museu da Universidade do Porto.

Genero TADORNA Fleming.

127. *Tadorna tadorna* (L.).

Raro. Aparece durante o inverno. O Museu do Porto possui um exemplar, que matamos na foz do rio Ave em 27 de Novembro de 1908.

Genero CASARCA Bonaparte.

128. *Casarca ferruginea* (Pall.).

Esta espécie é muito rara em Portugal. O Museu Bocage, da Universidade de Lisboa, possui um exemplar e o da Liga Naval três; estes últimos obtidos em Maio de 1888.

Genero ANAS Linnaeus.

129. Anas platyrhyncha platyrhyncha L.

(= A. boscas).

N. v. *Pato real, Adea real, Ádem, Lavanco, Pato bravo, Pescoço-verde*

O *pato real* é sedentário no País, mas na sua maior parte é migrador; chega-nos do norte em grande quantidade em fins de outono e desaparece com a aproximação da primavera. É caça muito apreciada.

130. Anas strepera L.

N. v. *Frisada.*

A *frisada* aparece durante os meses de inverno, mas é muito pouco comum em Portugal.

131. Anas penelope L.

N. v. *Alfanado, Piadeira, Assobiadeira*

Muito comum em Portugal durante o outono e o inverno, chegando do norte em Setembro. Em Fevereiro e Março volta para o norte. No rio Ave é o mais comum de todos os patos que ali costumam aparecer.

132. Anas acuta acuta L.

N. v. *Arrabio, Rabijunco*

O *arrabio* é um pouco comum no País desde os princípios de Novembro a Fevereiro.

133. Anas crecca crecca L.

N. v. *Marrequinho, Marreca*

O *marrequinho* encontra-se em Portugal desde Setembro a Março, mas é principalmente abundante durante os meses de inverno. Nós temo-lo observado na ria de Aveiro, durante esses meses, em bandos enormes.

134. Anas querquedula L.

(= A. circia).

N. v. *Cantadeira, Rangedeira, Marreca*

A *cantadeira* aparece no País em Novembro, Março e Abril, mas com bastante irregularidade; em certos anos quase se pode dizer vulgar, mas noutros não aparece, ou se aparece é em número muito limitado. Março é o mês em que a temos observado em maior número na foz do rio Ave.

Genero SPATULA Boie.

135. Spatula clypeata (L.).

N. v. *Colhereiro, Colhereira, Pato-colhereiro, Pintalhão, Pato-trombeteiro.*

O *colhereiro* aparece em Portugal desde Outubro a princípios de Março, mas é sempre mais abundante durante os meses de Dezembro e Janeiro.

Genero MARMARONETTA Reichenbach.

136. Marmaronetta angustirostris (Ménétr.).

N. v. *Pardilheira.*

Muito rara no sul do País. Os Museus Bocage e da Liga Naval possuem exemplares da espécie, um dos quais foi morto em Junho.

Genero NYROCA Fleming.

137. Nyroca ferina ferina (L.).

N. v. Catulo, Catulro, Caturro, Larro, Tarrantana.

O *catulo* é muito comum em Portugal desde Setembro a Março. Nós temo-lo observado em diferentes rios, mas é particularmente abundante na ria de Aveiro. No rio Ave também o temos obtido algumas vezes.

138. *Nyroca nyroca nyroca* (Güld.).

N. v. *Zarro, Perra*

O *zarro* não é raro em Portugal tendo-se encontrado desde Novembro a Fevereiro.

139. *Nyroca fuligula* (L.).

N. v. *Negrinha, Negrela*

A *negrinha* é abundante na ria de Aveiro durante o inverno, chegando do norte em fins de Outubro ou princípios de Novembro, voltando novamente para o norte em Março. É um dos patos mais abundantes da ria e também um dos que é caçado em maior número.

140. *Nyroca marila marila* (L.).

Registámos esta espécie de Portugal sob a autoridade do sr. W. Tait.

Genero BUCEPHALA Baird.

141. *Bucephala clangula clangula* (L.).

Raríssimo em Portugal. O Museu Zoológico da Universidade do Porto possui um exemplar morto no rio Ave pelo, ao tempo, preparador do Museu Antonio F. Gomes.

Genero CLANGULA Leach.

142. *Clangula hyemalis* (L.).

Sob a autoridade do sr. W. Tait, que diz ter ela sido observada na ria de Aveiro, registamos esta espécie de Portugal.

Genero OIDEMIA Fleming.

143. Oidemia nigra nigra (L.).

N. v. *Negra, Passaro de figo, Negrola, Pato negro, Ferrusco, Ferraguso*

Abundantíssima na costa Portuguesa durante o inverno. Chega do norte no meado de Julho, conservando-se alguns exemplares até Maio.

144. Oidemia fusca (L.).

O Dr. Paulino de Oliveira, de cuja probidade científica a ninguém é dado duvidar, diz que em diferentes vezes viu, em Abril e Maio na Figueira da Foz, patos pretos com espelhos brancos que não podem pertencer a outra espécie, e que por informações obtidas em Aveiro, soube que esta ave também ali aparece. Por estas razões, e por se nos afigurar também tê-la observado na ria de Aveiro, a incluímos no presente catálogo.

Genero SOMATERIA Leach.

145. Somateria mollissima mollissima (L.).

Um exemplar fêmea desta espécie foi morto pelo falecido Rei D. Carlos, em 31 de Março de 1893, em Cascais. Este exemplar encontra-se actualmente no Museu da Liga Naval, tendo figurado em 1903 e 1904 na Exposição Agrícola do Palácio de Cristal Portuense.

Genero MERGUS Linnaeus.

146. Mergus serrator L.

N. v. *Mergulhão, Serzêta*

O *mergulhão* aparece em Portugal durante os meses de inverno, mas com pouca frequência. No estuário do Ave temo-lo encontrado, mas sempre isolado, em alguns anos durante o mês de Fevereiro.

147. *Mergus albellus* L.

Do nosso malogrado amigo Alvaro Delmar, ao tempo residente em Lisboa, recebemos, em 18 de Dezembro de 1911, o desenho dum exemplar desta espécie, que tinha sido adquirido em casa dum negociante de caça, à rua do «Mundo». Este exemplar tinha sido morto poucos dias antes pelos caçadores de Alcochete.

Ordem PELECANIFORMES.

Família PHALACROCORACIDAE.

Genero PHALACROCORAX Brisson.

148. *Phalacrocorax carbo carbo* (L.).

N. v. *Corvo marinho, Induro, Galheta, Calilánga*

O *corvo marinho* é comum durante o inverno ao longo da costa Portuguesa e nos estuários dos rios, chegando, quando no mar há temporais, a subir o curso destes até uma distância de mais de trinta quilómetros do mar. Entre os pescadores da Póvoa de Varzim tem esta espécie o nome de Calilánga.

149. *Phalacrocorax aristotelis aristotelis* (L.).

N. v. *Corvo marinho de crista, Ana, Galheta, Induro, Corvo marinho*

O *corvo marinho de crista* é comum nas costas de Portugal desde Setembro a Junho. Nas ilhas Berlengas, aonde se reproduz, é bastante comum e nas ilhotas da costa do Algarve também não é raro.

Entre os muitos e curiosos nomes dados pelos pescadores da Póvoa de Varzim às aves marítimas da costa Portuguesa, um dos que mais nos prendeu a atenção foi o nome de Ana dado a esta espécie. Mas porque chamarão os pescadores da Póvoa Ana a esta ave? Será este nome uma revivescência? Não nos aventuramos afirmar que o seja; mas Pinho Leal na col. 1ª da pág. 332, do vol. III, do seu Portugal Antigo e Moderno, diz que segundo alguns autores, Ana é palavra púnica que significa nome de mulher ou de homem; mas que, segundo outros, Ana é palavra fenícia que significa áde ou adem, ave aquática que mergulha para pescar. Ora, como se sabe, todos os corvos marinhos mergulham para pescar e tão consumados pescadores são que, diversos povos da Ásia oriental, os utilizam como instrumentos de pesca, depois, está claro, de convenientemente amestrados.

Família SULIDAE.

Genero SULA Brisson.

150. *Sula bassana bassana* (L.).

N. v. *Ganso patola, Mascato, Alcatrás.*

O *mascato* encontra-se na costa Portuguesa desde Agosto até Abril; mas é, principalmente, comum nos meses de inverno e quando a sardinha abunda nas proximidades da costa. Os pescadores estão reconhecidos ao mascato, porque este lhes indica o ponto em que a sardinha se encontra, deixando-se cair do alto sobre ela como uma pedra. O mascato é raro durante o estio na costa Portuguesa.

Ordem ACCIPITRIFORMES.

Família VULTURIDAE.

Genero AEGYPIUS Savigny.

151. *Aegypius monachus* (L.).

N. v. *Pica-osso, Abutre, Ave rabagueira.*

O *pica-osso* tem aparecido em Portugal nas províncias do Alentejo e da Estremadura. Em Dezembro de 1902 observámos nos altos rochedos fronteiros à Barca d'Alva — mas já na província de Trás-os-Montes — um exemplar desta espécie que os pastores nos disseram chamar-se na localidade *ave rabagueira*, porque só aparecia a comer o *rebotalho* que as *abetardas* deixavam dos seus repastos: isto é, os ossos.

Em Serpa disseram-nos que esta espécie aparecia nas margens escarpadas do Guadiana, entre Serpa e Mértola.

Genero GYPS Savigny.

152. *Gyps fulvus fulvus* (Habliz.).

N. v. *Abutre, Grifo, Abetarda, Ave.*

O *abutre* é abundante numa grande parte da província de Trás-os-Montes, com especialidade no concelho de Freixo de Espada-à-Cinta aonde, já de uma vez, observamos quarenta e um abutres a banquetear-se no cadáver de uma vaca. Na Beira Baixa, na Estremadura e no Alentejo, em determinadas localidades, é também muito comum e, como em Trás-os-Montes, sedentário.

Na Serra do Soajo e na do Marão era, em outros tempos, muito comum, mas o emprego da estricnina para a destruição dos lobos, extinguiu-o por completo nestas serras, privando-as desta espécie tão interessante e tão decorativa, sem ter conseguido diminuir o número dos lobos. No Soajo era esta espécie designada pelo nome de *águia branca*; mas, actualmente, nesta serra de águia branca só existe a memória.

Nas províncias de Trás-os-Montes e Beira Baixa temos ouvido o povo designar esta espécie pelos nomes de *Abetarda* e *Ave*.

Genero NEOPHRON Savigny.

153. *Neophron percnopterus percnopterus* (L.).

N. v. *Britango, Abutre, Abutre do Egito.*

O *britango* é abundante na parte quente da província de Trás-os-Montes, aonde temos obtido a ave e os ovos; mas só a temos observado durante a primavera e o estio, pelo que deve ser considerada espécie estival. No Alentejo, na Beira Baixa e Estremadura também a temos observado, e em certos lugares em grande número, durante o estio.

Família FALCONIDAE.

Genero GYPAËTUS Storr.

154. *Gypaëtus barbatus aureus* (Habliz.).

O Museu de Coimbra possui um casal de gipaetos, que lhe foi oferecido pelo falecido Rei D. Carlos, morto nas margens do rio Guadiana em 1888. Estes dois exemplares, pelas dimensões e colorido da plumagem, devem pertencer à sub-espécie *G. B. aureus*. São os únicos que até à data conhecemos no País.

Genero CIRCUS Lacépède.

155. *Circus aeruginosus aeruginosus* (L.).

N. v. *Tartaranhão ruivo dos paúis, Milhano, Milhafre, Miôto, Minhôto, Águia sapeira.*

O *tartaranhão* é comum e sedentário no País, com especialidade no centro e sul; no norte é muito menos frequente. Temos obtido os ninhos e os ovos da espécie, entre os juncos dos terrenos encharcados das proximidades da ria de Aveiro. Obtido em Ponte de Sor ofereceram-nos, há tempos, um macho adulto que tinha sido morto no momento em que ingeria um arganás (*Eliomys quercinus lusitanicus*).

156. *Circus cyaneus cyaneus* (L.).

N. v. *Tartaranhão, Ratiforme, Milhafre, Miôto, Minhôto, Tartaranhão azulado.*

O *tartaranhão azulado* é, como o *tartaranhão ruivo*, sedentário em Portugal, mas bastante mais raro. Tem-se obtido no Alentejo e na Estremadura. Nós apenas o temos obtido na ria de Aveiro. Também o temos observado nos campos próximos do Guadiana, no concelho de Elvas.

157. *Circus pygargus* (L.).

N. v. *Águia caçadeira, Miôto, Minhôto, Milhafre, Ave*

Como a espécie precedente sedentária, mas um pouco mais comum, com especialidade em alguns concelhos do norte do País, como os de Montalegre, Chaves e Vila Pouca d'Aguiar, aonde se reproduz. Esta espécie apresenta uma fase de melanismos em que os indivíduos são, principalmente os machos, de cor muito escura com reflexos verde-purpurinos. São bastante frequentes os espécimes com a plumagem desta cor.

Genero ACCIPITER Brisson.

158. *Accipiter gentilis gentilis* (L.).

N. v. *Açôr.*

O *açôr* é uma espécie rara em Portugal; o Museu de Zoologia da Universidade do Porto possui dois exemplares: um obtido por nós na serra do Gerês, a 10 de Fevereiro de 1903, e outro oferecido ao Museu pelo sr. Francisco Pena, morto no Arco de Baulhe em 28 de Agosto de 1924. Os Museus de Lisboa e Coimbra possuem também alguns exemplares da espécie. O Liceu Rodrigues de Freitas conta na sua colecção Zoológica dois indivíduos juvenis: um morto na serra da Murófa e outro nas proximidades do Porto.

159. *Accipiter nisus nisus* (L.).

N. v. *Gavião, Rapino, Milhafre, Garfanhoto, Grafanhoto, Aguiôto, Aguião, Sapuléve*

O *gavião* é, depois do *peneireiro*, a mais comum das rapinas Portuguesas – para infelicidade das pequenas aves indefesas, que ele é o mais cruel e encarniçado inimigo. É sedentário, reproduzindo-se em todo o País.

No baixo Minho vê-se em todas as casas de lavoura, enfiado numa alta vara de pinheiro, em lugar bem visível, uma cântara de barro ali colocada para afugentar o rapino dos quinteiros, aonde as ninhadas se criam. No concelho do Marco de Canaveses a cântara é substituída por uma ou mais garrafas.

Genero BUTEO Lacépède.

160. *Buteo buteo buteo* (L.).

N. v. *Miôto, Minhôto, Milhafre, Miôto da asa redonda, Francêlho.*

O *miôto* é sedentário e comum em todo o País, sendo dentre todas as grandes aves de rapina a mais frequente e a mais geralmente distribuída. Nos pinhais ao norte do Porto, aonde se reproduz, é muito comum. Em Vila do Conde e Póvoa de Varzim, o povo dá-lhe o nome de francêlho.

161. *Buteo buteo vulpinus* Gloger.

Segundo o Dr. Paulino de Oliveira foi morto por D. Carlos de Bragança, em Queluz, um exemplar e oferecido ao Museu de Lisboa.

Genero AQUILA Brisson.

162. *Aquila chrysaëtus occidentalis* Olphe Gaillard.

N. v. *Águia real, Ave caçadeira, Bergadinha, Ave, Aigue, Águia*

A *Águia real* é a mais comum das águias Portuguesas, observando-se tanto nas planícies do Alentejo e Estremadura como nas serras altas das províncias do norte.

163. *Aquila heliaca adalberti* Brehm.

N. v. *Os mesmos da espécie precedente e Águia da espádua branca.*

A *águia da espádua branca* habita no país as mesmas regiões que a águia real, só com a diferença de ser menos frequente do que ela. Os Museus das três Universidades do País possuem exemplares desta sub-espécie.

164. *Aquila clanga clanga* Pallas.

N. v. *Águia gritadeira*

O Museu da Universidade de Coimbra possui um exemplar da *águia gritadeira*, obtido em Foja em 1874.

165. *Aquila pomarina pomarina* Brehm.

No Museu Bocage, da Universidade de Lisboa, existe um exemplar de águia, obtido nos arredores de Bragança em 1869, etiquetada com o nome *Aquila pomarina*.

Genero HIERAAËTUS Kaup.

166. *Hieraaëtus fasciatus fasciatus* (Vieillot.).

A *águia de Bonelli* é sedentária e não excessivamente rara em Portugal.

167. *Hieraaëtus penatus penatus* (Gmelin.).

A *águia pequena* tem-se obtido em diversas localidades do País, mas não com muita frequência.

Genero CIRCAËTUS Vieillot.

168. *Circaëtus gallicus* (Vieillot.).

N. v. *Guincho da tainha*

O *guincho* é pouco comum em Portugal, mas tem-nos sido asseverado que em certas localidades do sul é um pouco frequente, chegando mesmo a reproduzir-se em algumas.

Em 3 de Maio de 1908, observámos em Salamanca, na casa dum preparador taxidermista, quatro ovos de guincho, que tinham sido todos retirados do mesmo ninho, que se achava colocado sobre uns rochedos. Estes ovos eram dum branco mate, sem manchas, muito ásperos ao tacto, dum oval curto e um pouco esverdeados interiormente.

Genero MILVUS Lacépède.

169. *Milvus milvus milvus* (L.).

N. v. *Milhano, Milhafre, Miôto rabo de bacalhau, Minhôto, Rabo de bacalhau, Bacalhoeiro.*

O *milhano* é comum e sedentário no sul do País; para o norte da ria de Aveiro poucas vezes se observa. Em mais de vinte anos que vivemos em Vila do Conde, só uma única vez o observamos na foz do rio Ave.

170. *Milvus migrans migrans* (Bodd.).

N. v. *Provavelmente os da espécie precedente.*

Bastante comum no sul do País desde Março a Setembro. Segundo nos informaram em Almeirim, a espécie reproduz-se no vale do Tejo.

Genero ELANUS Savigny.

171. *Elanus caeruleus caeruleus* (Desf.).

N. v. *Peneireiro cinzento.*

O *peneireiro cinzento* é bastante raro no País. O Museu do Porto possui dois exemplares provenientes de Alcochete, um dos quais foi obtido do ninho. Em Janeiro de 1922 observamos uma fêmea adulta, que tinha sido morta nas proximidades do Porto. No Alentejo também têm sido obtidos alguns exemplares.

Genero PERNIS Cuvier.

172. *Pernis apivorus apivorus* (L.).

O Dr. Rosa de Carvalho diz que desta espécie existia no Museu de Coimbra um exemplar, obtido em Portugal. Actualmente, porém, esse exemplar já ali se não encontra; mas, como a espécie é bastante frequente no sul da Espanha, desde Março a Setembro, é de supor que ela continue a visitar-nos, embora acidentalmente, pelo que a incluimos no presente catálogo.

Genero FALCO Linnaeus.

173. *Falco rusticolus candicans* Gm.

O único exemplar de *Gerifalte* que conhecemos de Portugal, ou melhor talvez da Península, foi morto por António Francisco Gomes, ao tempo preparador do Museu de Zoologia da Universidade do Porto, em 3 de Junho de 1928, nas dunas de

Azurara. Este indivíduo, que sendo muito perseguido pelo caçador, podia ter ganho os pinhais que limitam as areias pelo nascente, escapando-se facilmente entre eles, não o quis fazer, preferindo conservar-se nos terrenos descobertos da beira-mar, aonde foi morto. A preferência dada por esta espécie aos terrenos áridos e descobertos, já indicada por alguns autores, mais uma vez ficou confirmada.

174. *Falco peregrinus peregrinus* Tunst.

N. v. *Falcão, Gavião real.*

O *falcão* é uma espécie bastante rara em Portugal, mas na parte quente da província de Trás-os-Montes é um pouco vulgar, e parece-nos que sedentária, pois que aí temos obtido exemplares em todas as estações do ano, incluindo alguns juvenis do ninho. No resto do país parece muito pouco frequente, pelo menos os poucos exemplares existentes nos Museus assim o fazem crer. Dos arredores do Porto apenas conhecemos dois exemplares, mortos em fins de Outubro e princípio de Novembro, o que parece indicar serem indivíduos de passagem para o sul.

175. *Falco peregrinus punicus* Levaillant junior.

Na colecção ornitológica do Museu de Zoologia da Universidade de Coimbra existe um exemplar desta subespécie, obtido em Foja, proximidades de Montemor-o-Velho, a que já se referiu no seu livro[4] o sr. Dr. Paulino de Oliveira sob a designação de *Falco punicus*. O sr. W. Tait, no seu livro já citado, põe em dúvida a autenticidade do exemplar, dizendo «que ele talvez seja um *Falco peregrinus pelegrinoides* Temm.»; mas se este autor se tivesse dado ao trabalho de examinar o exemplar antes de redigir a notícia, com toda a certeza não se abalançaria a pôr em dúvida a denominação dada pelo Dr. Paulino de Oliveira ao espécime – única, de resto, que lhe convém. O sr. W. Tait põe excessiva confiança nos seus informadores; devia observar de viso: os exemplares e os locais, antes de se lhe referir.

---

[4] *Aves da Península Ibérica e principalmente de Portugal*, pg. 126.

Depois de uma atenta leitura do notável trabalho do sábio naturalista francês sr. L. Lavauden, inserto na *Revue Française d'Ornitologie*, n.ºs 145 e 146, correspondentes a Maio e Junho de 1921, não nos resta a menor dúvida de que o exemplar em questão é um autêntico representante em Portugal da forma *Falco peregrinus punicus*. Este indivíduo, um macho adulto, bastante mais pequeno que o tipo da espécie, é semelhante a este no colorido da plumagem da face superior e, dum branco avermelhado ou vinoso na inferior; com finas e raras estrias escuras sobre o raquis das plumas do peito e parte anterior do pescoço; a fronte, o vértice, a nuca e a parte superior do pescoço muito escuros; os bigodes lardos e curtos ligando-se ao escudo das faces e da parte superior do pescoço. As dimensões do bico, do tarso e da cauda são as atribuídas a esta forma, mas as da asa não as podemos conhecer, porque lhe falta a parte distal das remiges primárias, que apresentam evidentes sinais de terem sido cortadas à tesoura.

176. Falco

N. v. *Falcão*

Etiquetado com o nome de *Falco feldeggi* Schlegel, possui o Museu Bocage da Universidade de Lisboa um falcão que, a pertencer de facto a qualquer das formas do *Falco biarmicus* deve, pelo sombrio da plumagem da face superior, ser incluído na forma *Falco biarmicus feldeggi* Schlegel; mas este exemplar tendo sido morto em plena muda, o seu estado de plumagem torna esta determinação pouco segura. Este espécime, uma fêmea ainda não adulta, apresenta as dimensões seguintes: asa, 345; cauda, 170; tarso, 51; bico, 24 ^{mm}.

O sr W. Tait falando no seu livro deste falcão, diz que lhe parece mais provável que ele pertença à forma *Falco biarmicus erlangeri* de que à forma *Falco biarmicus feldeggi*, o que prova que o sr. Tait nunca o viu, porque se o tivesse examinado, com toda a certeza teria modificado a sua opinião. Este falcão poderá, pelo escuro da plumagem, ser considerado um exemplar do *Falco peregrinus peregrinus* Tunstall, mas como do *Falco biarmicus erlangeri* parece-nos bem que nunca o poderá ser.

177. *Falco subbuteo subbuteo* L.

N. v. *Falcão tagarote, Gavião, Falcão, Milhafre.*

O *tagarote* é bastante comum em Portugal desde os fins de Abril a fins de Setembro. Na foz do rio Ave, durante os meses de Junho e Julho, ao pôr-do-sol, observamos muitas vezes os tagarotes na caça dos besouros; apanham-nos durante o voo e com uma rapidez surpreendente. Às vezes chegavam a reunir-se uns doze indivíduos nesta caça.

178. *Falco columbarius oesalon* Tunstall.

N. v. *Esmerilhão.*

O *esmerilhão* é muito pouco frequente em Portugal; nós temo-lo obtido durante os meses de Novembro, Dezembro e Janeiro, geralmente à beira-mar, o que nos faz supor que o esmerilhão persiga as pequenas espécies que durante o inverno chegam do norte.

179. *Falco naumanni naumanni* Fleisch.

N. v. *Milhafre.*

Este *falcão* é abundante em Portugal nas cidades do Alentejo durante a primavera e o estio; em Évora é tão abundante como as andorinhas e como elas voando por sobre as ruas e praças de maior movimento da cidade; a presença do homem não o assusta, dando pela sua confiança a impressão duma ave doméstica. Em Beja e Elvas não é, também, menos comum nem menos confiado. Nunca o observamos fora da província do Alentejo.

180. *Falco tinnunculus tinnunculus* L.

N. v. *Peneireiro, Gafanhôto, Garfanhôto, Grafanhôto, Milhafre, Minhafo, Sapuleu, Francêlho, Lagarteiro, Derrabanho, Aguião, Aguiôto, Cigarreiro (?), Rapinus, Milhafo, Rabanho, Sapoleve.*

O *peneireiro* é o mais comum de todos os falconídeos de Portugal; temo-lo observado, indistintamente, em todas as terras do País, tanto no estio como no inverno. Em algumas terras do Algarve ainda conserva o nome de *francelho*, nome porque era conhecido no tempo de Gil Vicente e de Fernandes Ferreira, mas no norte de Portugal o nome de francelho é aplicado ao *Buteo buteo*.

Genero PANDION Savigny.

181. *Pandion haliaëtus haliaëtus* (L.).

N. v. *Águia pesqueira, Guincho, Aurifrísio, Gavião branco.*

A *águia pesqueira* é uma espécie bastante rara em Portugal, mas parece que em outros tempos não o era tanto: pelo menos é isso que se depreende da leitura da *Arte da Caça de Altaneria*, de Diogo F. Ferreira.

Nos tempos em que vivíamos na Estação Aquícola do rio Ave a espécie aparecia, com certa regularidade, neste rio durante os meses de Agosto, Setembro e Outubro, chegando em alguns anos a observar-se pairando por sobre as piscinas deste estabelecimento, aonde se conservavam as trutas reprodutoras. O aparecimento de alguns exemplares desta espécie durante o mês de Abril, época da migração da primavera, leva-nos a admitir a sua qualidade de migrador regular e estival no País. O sr. Guilherme Felgueiras[5], no seu estudo sobre a fauna do Pinhal de Leiria, confirma esta opinião, Diz este autor que «a águia pesqueira aparece periodicamente no Pinhal de Leiria» e que é «vulgaríssimo vê-la a prepassar magestosamente subjugando nas garras aduncas luzidias mugens» e que «escolhe para nidificar pinheiros inacessíveis, verdadeiros colossos vegetais».

Em Agosto do corrente ano (1930) foi morto um macho, ainda não adulto, na praia de Espinho.

---

[5] *Boletim da Secretaria de Estado da Agricultura*, publicado pela Direcção da Instrução Agrícola. Ano I, n.os 2, 3 e 4, Agosto, Setembro e Outubro de 1918, pág. 154.

Ordem STRIGIFORMES.

Família BUBONIDAE.

Genero ASIO Brisson.

182. *Asio otus otus* (L.).

N. v. *Toupeirão, Coruja.*

O *toupeirão* é uma espécie hibernal e muito pouco comum em Portugal; nós temo-lo observado desde Novembro a Fevereiro. Em Valongo, aonde ele é conhecido pelo nome de toupeirão, obtivemos alguns exemplares, em outros tempos, nos vastos pinheirais que ali existiam.

183. *Asio flammeus flammeus* (Pontopp.).

(=A. accipitrinus).

N. v. *Coruja, Coruja d'arribação, Coruja do nabal*

A *coruja d'arribação* é comum em Portugal desde Setembro a Dezembro; nós temo-la encontrado entre os matos e os juncos nos terrenos húmidos das proximidades da ria de Aveiro e da foz do rio Ave. Do estômago da maior parte dos exemplares capturados, temos retirado restos de codornizes e outras aves, o que nos leva a crer que esta espécie seja muito nociva para a caça.

184. *Asio capensis tingitanus* (Loche).

Um exemplar desta espécie foi capturado pelo falecido Rei D. Carlos, em Pancas, no Alentejo.

Genero BUBO Duméril.

185. *Bubo bubo hispanus* Roths. e Hart.

N. v. *Bufo, Ujo, Corujão, Mocho-real, Martaranho.*

O *bufo* é sedentário e um tanto errático no País, habitando os grandes arvoredos, os precipícios e as margens escarpadas dos rios.

O lugar mais próximo do Porto, aonde o temos observado a nidificar, é a escarpa da levada do José Pereira, nas margens do rio Ferreira, em Valongo. Em Trás-os-Montes, aonde esta espécie é vulgar, a descoberta do seu ninho representa para os pastores uma felicidade. Todos os dias de manhã levantam desse ninho as lebres, as perdizes e os coelhos que aí são depositados durante a noite, pelo bufo, para alimentação dos filhos; tendo o cuidado, porém, de todas as tardes prender os bicos dos bufos novos com um fio, para os impedir de comer durante a noite. De manhã, quando levantam a caça, soltam-lhe o bico e distribuem-lhe as partes que não lhe utilizam, para que eles não morram de fome.

Genero OTUS Pennant.

186. *Otus scops scops* (L.).
(= S. giu).

N. v. *Môcho d'orelhas, Môcho, Môcho pequeno*

O *môcho d'orelhas* é uma espécie de arribação que chega a Portugal em Março ou princípio de Abril, conservando-se ente nós até Setembro. Nos arredores do Porto é um pouco comum, nidificando nos troncos ocos das velhas árvores. A sua nota bastante sonora repete-a a ave muitas vezes seguidas, com especialidade ao cair da noite. Escuta-se desde Março a Junho.

Genero STRIX Linnaeus.

187. *Strix aluco aluco* L.
N. v. *Coruja do mato.*

A *coruja do mato* é bastante comum e sedentária no centro e sul do País; nos extremos norte e sul é pouco frequente; nós temo-la obtido na foz do rio Ave, nos meses de Setembro e Outubro, durante a sua passagem para o sul. Esta espécie varia muito no colorido da plumagem e nas dimensões. O Museu do Porto possui diversos exemplares da espécie.

Genero ATHENE Boie.

188. *Athene noctua vidallii* Bechm.

N. v. *Môcho, Pássaro da morte, Môcho galego*

O *môcho* é comum e sedentário no País, mas não há dúvida nenhuma que uma parte migra para o sul no outono. Nos pinhais de Azurara temos observado em certos dias um número relativamente grande de môchos que, se voltávamos no dia seguinte a procurá-los, já não encontrávamos vestígios deles: era evidente que estes mochos iam de passagem.

Genero TYTO Billberg.

189. *Tyto alba alba* (Scop.).

(= S. flammea).

N. v. *Coruja, Coruja das torres.*

A *coruja* que o povo diz agoirenta e penetrar durante a noite nas igrejas para beber o azeite das lâmpadas, é muito comum, sedentária e geralmente distribuída em Portugal. As torres, as minas abandonadas e os edifícios em ruína são os seus lugares predilectos. A velha igreja dos Capuchos em Azurara, hoje totalmente desaparecida, foi durante muitos anos sua residência habitual. Os montes de dejectos e restos de alimentos indigeríveis, acumulados por esta ave sobre o pavimento da igreja, com especialidade no prumo da sanefa do arco cruzeiro, eram tais, que neles se contavam por milhares os crânios de rato. Que prodigioso trabalho executado, quem sabe em quantos anos, em prol da agricultura, por uma ave tão caluniada e perseguida.

Ordem CORACIIFORMES.

Família CORACIIDAE.

Genero CORACIAS Linnaeus.

190. *Coracias garrulus garrulus* L.

N. v. *Gaio azul, Rolieiro.*

Desta espécie, num período de mais de quarenta anos de observação, apenas temos registada a captura de quatro exemplares: dois nos arredores de Vila do Conde, um em Campanhã (Porto) e outro nas proximidades de Elvas. Todos estes exemplares foram obtidos nos meses de Agosto e Setembro. O Museu Zoológico da Universidade do Porto possui, também, três exemplares da espécie, um proveniente do Ribatejo, outro da Póvoa de Varzim e o terceiro dos arredores do Porto. Este último morto em Setembro.

Família ALCEDINIDAE.

Genero ALCEDO Linnaeus.

191. *Alcedo atthis ispida* L.

N. v. *Pica-peixe, Pisco-ribeiro, Guarda-rios, Passa-rios, Martinho-pescador, Freirinha, Pássaro-ribeiro, Rei-do-mar, Marisqueiro, Chasco do rêgo, Piçorelho.*

O *pica-peixe* é sedentário e muito comum em todos os cursos de água do País; mas durante o inverno são mais numerosos nos estuários dos rios e nas lagunas. Desta interessante espécie ainda hoje se conserva, em certas povoações do Minho, a velha tradição de que a sua pele preserva as roupas da traça.

Família MEROPIDAE.

Genero MEROPS Linnaeus.

192. *Merops apiaster* L.

N. v. *Abelharuco, Melharuco, Pita-barranqueira, Pito-barranqueiro, Melharôco, Milheirós, Gralha, Gralho.*

O *abelharuco* é muito comum nos lugares mais quentes de Portugal, desde os meados de Abril a meados de Setembro. Na Barca d'Alva, aonde a temperatura no estio se aproxima da temperatura da África, é esta ave abundante. Reproduz-se em colónias nos sítios barrancosos. Obtidos nas imediações do Porto só temos conhecimento de dois exemplares.

Família UPUPIDAE.

Genero UPUPA Linnaeus.

193. *Upupa epops epops* L.

N. v. *Poupa, Bubela.*

A *poupa* é uma espécie estival e muito comum no País, chegando geralmente em Março, e partindo em Setembro; mas nós já a temos observado em Fevereiro e, até já uma vez, em Janeiro. Os diversos ninhos de poupa que obtivemos em Vila do Conde, muitas vezes continham um ovo de casca mais grosseira e com as dimensões quase duplicadas.

Família CAPRIMULGIDAE.

Genero CAPRIMULGUS Linnaeus.

194. *Caprimulgus europaeus europaeus* L.

N. v. *Boa-noite, Pita-cega, Noitibó, Cá-vai, Noite-boa.*

A *boa-noite* é comum em Portugal durante o estio; nós temos obtido diversos ninhos e exemplares da espécie, não muito distante do Porto. Durante a sua passagem para o sul é comum nos lugares de arborização densa e não muito distantes do mar.

195. *Caprimulgus ruficollis ruficollis* Temm.

N. v. *Boa-noite, Noitibó.*

Segundo o Dr. Paulino de Oliveira esta espécie não é rara no País, para o sul de Lisboa; no norte, porém, só a temos observado em Setembro durante a sua passagem para o sul e, ainda assim, com pouca frequência. Possuímos exemplares capturados na Póvoa de Varzim e em Vila do Conde.

Família CYPSELIDAE.

Genero APUS Scopoli.

196. *Apus melba melba* (L.).

N. v. *Andorinhão, Gaivão, Ferreiro.*

O *gaivão* é um tanto frequente no centro e sul do País desde Abril a Setembro; nas rochas escarpadas da praia da Nazaré, aonde se reproduz, é bastante comum. Os pontos mais altos ao norte do País onde o temos observado são: a Barca d'Alva e as fragas de Alpajares em Freixo de Espada-à-Cinta.

197. *Apus apus apus* (L.).

N. v. *Pedreiro, Pederneira, Papalvo, Guincho, Guizo, Zirro, Zilro, Avoão, Gaivão, Arvião, Gaivôto.*

O *pedreiro* é abundante em Portugal durante o período da nidificação, chegando geralmente ao Porto nos fins de Abril, instalando-se nas torres e altos edifícios, aonde se conserva até os fins de Julho. Durante o mês de Agosto ainda se observa um ou outro indivíduo voando por sobre a cidade, mas à aproximação de Setembro desaparecem por completo. À beira-mar temo-lo observado até mais tarde. Temos notado que os pedreiros que se estabelecem ao norte do Porto, chegam mais cedo e partem mais tarde que os que se estabelecem no Porto. Na foz do rio Ave observamos algumas vezes a sua passagem para o norte, ao despontar da manhã de certos dias de Abril.

198. *Apus murinus illyricus* Tschusi.

Desta sub-espécie possuímos uma fêmea adulta, que matamos próximo do Castelo da foz do Rio Ave, em 4 de Agosto de 1905. Este exemplar apresentava toda a plumagem de uma cor mais clara do que a do tipo, a mancha branca da garganta entendendo-se até à parte superior do peito e as plumas da face superior do corpo levemente debruadas de branco terno.

Ordem COCCYGIFORMES.

Família CUCULIDAE.

Genero CUCULUS Linnaeus.

199. *Cuculus canorus*

N. v. *Cuco.*

O *cuco* é comum em Portugal desde Março a Julho; mas os juvenis do mesmo ano conservam-se até mais tarde, partindo para o sul em Setembro, ao mesmo tempo que as sombrias, as rolas e os taralhões.

Para o povo dos campos é sempre um motivo de alegria ouvir pela primeira vez o canto do cuco, pois que este lhe anuncia o fim do inverno e o começo da primavera. Em certas terras do País o povo considera o dia 19 de Março (dia de S. José), como o da chegada do cuco, mas no concelho de Vila do Conde a chegada desta está fixada em 21 de Março, dia de S. Bento de inverno; assim como o da partida está fixado em 11 de Julho, dia de S. Bento de Verão; daí o adágio: «o cuco com S. Bento vem e com S. Bento vai».

Para uma grande parte dos ornitólogos modernos[6] o único cuco existente em Portugal é o *Cuculus canorus bangsi* Oberh.; mas nós levando em linha de conta as dimensões obtidas em muitos cucos mensurados, provenientes do País, somos levados a crer que as duas formas existem simultaneamente em Portugal, ou então, que as dimensões aumentam no *C. c. bangsi* à maneira que se avança para o norte da Europa. Nós temos obtido cucos em Portugal, cujas dimensões de asa variam de 190 a 225 ^{mm}, quando as dimensões que são atribuídas ao cuco *bangsi* variam apenas de 190 a 217 ^{mm}.

Genero CLAMATOR Kaup.

200. *Clamator glandarius* (L.).

N. v. *Cuco rabilongo, Pêga-cuco, Pêga da India, Pêga francesa, Pêga espanhola.*

O *cuco rabilongo* é uma ave pouco vulgar em Portugal, mas nos pinhais ao norte do Porto, aonde se reproduz, é relativamente comum. Nós conhecemos exemplares obtidos no País desde Fevereiro a Novembro. Os ovos que temos observado têm sido, em regra, obtidos em ninhos do *Corvus corone*; nas também os temos encontrado, embora com menos frequência, em ninhos de pêga.

---

[6] Dr. Ernest Hartert, *Die Vögel der paläarktischen Fauna*, Vol. II, pg. 947.
   R. G. Wardlaw Ramsay, *Guide to the Birds of Europe and North Africa*, pg. 165.
   H. F. Witherby, *A Practical Handbook of British Birds*, Vol. II, pg. 54 e 55.

Ordem PICIFORMES.

Família PICIDAE.

Genero PICUS Linnaeus.

201. *Picus viridis sharpei* (Saunders).

N. v. *Peto-real, Peto-verde, Verdeal, Rinchão, Rincha-cavalos, Cavalinho, Peto-verdeal, Cavalo rinchão, Pica-pau verde, Pito-verdeal.*

O *peto-real* é muito comum e sedentário em Portugal, habitando de preferência os grandes pinhais, aonde faz frequentemente ouvir o seu grito de alarme, notas ásperas e fortes, que lembram um pouco o relincho do cavalo; daí lhe provém, por certo, o nome de cavalo rinchão porque é designado em algumas terras.

Genero DRYOBATES Boie.

202. *Dryobates major hispanus* (Schlüter).

N. v. *Peto malhado, Pica-pau, Peto, Cardeal, Peto-cavalinho, Peto-espanhol.*

O *peto malhado* é comum, sedentário e geralmente distribuído no País; mas um pouco menos frequente que o peto verde ou real, Gosta muito dos bosques de carvalho e castanheiros, aonde faz ouvir nos troncos secos e ocos, com o bico, umas pancadas tão precipitadas que, ouvidas a certa distância, dão a impressão exacta dum rufo de tambor. Em Valongo, em virtude da mancha vermelho-vivo do ócciput, é esta espécie designada pelo nome de cardeal.

203. *Dryobates medius medius* (L.).

N. v. *Peto-malhado.*

Existem no Museu Bocage da Universidade de Lisboa quatro exemplares de petos, provenientes do País, classificados como *Dryobates m. medius* e nós como tais continuamos a considerá-los no presente catálogo, visto não possuirmos elementos que nos permitam identificá-los com o *D. m. lilianoe* das Montanhas

Cantábricas da Espanha, não há muito diferenciado da espécie tipo pelo sr. Witherby.

204. *Dryobates minor buturlini* Hartert.

N. v. *Pica-pau, Peto galêgo.*

O *peto pequeno* é pouco frequente e bastante localizado em Portugal; nós temos obtido exemplares em Penalva do Castelo, em Vila Pouca de Aguiar, em Caldelas, em Penafiel e em Entre-os-Rios. O Museu de Coimbra, obtidos nas proximidades da cidade, possui, também, quatro exemplares e um ninho. Como temos obtido espécimes quase em todos os meses do ano, é de supor que a espécie seja sedentária no País.

Genero JYNX Linnaeus.

205. *Jynx torquilla torquilla* L.

N. v. *Papa-formigas, Formigueiro, Torcicolo, Peto-formigueiro, Pito-formigueiro, Peto-da-chuva, Pede-chuva, Pássaro-da-Chuva, Peto-galêgo, Doudinha, Gira-pescoço, Catapreiro (?), Retorta, Pássaro-do-frio, Piadeira, Pede-frio, Pito-cobra, Cabeça-de-cobra, Passa-fomes.*

O *papa formigas* é muito comum e geralmente distribuído em todo o País desde Março a Outubro; mas em alguns anos também o temos obtido nos meses de Fevereiro e Novembro, e já uma vez, nas proximidades da Póvoa de Varzim, matamos uma fêmea em 23 de Dezembro de 1911. Este exemplar que apresentava uma cor muito escura e uma dimensão de asa de 82 ^{mm}, talvez devesse ser incluída na forma *J. t. tschusii* Kleinschmidt.

Ordem PASSERIFORMES.

Família HIRUNDINIDAE.

Genero HIRUNDO Linnaeus.

206. *Hirundo rustica rustica* L.

N. v. *Andorinha, Pedreira, Andorinha dos poços, Andorinha das minas.*

A *andorinha* chega ao sul de Portugal, geralmente, no mês de Janeiro; mas no norte só a temos observado em Fevereiro. A data em que mais cedo temos notado a sua presença nos arredores do Porto, foi a 5 de Fevereiro de 1906; mas na sua maior parte, a andorinha só aparece nos arredores do Porto depois do meado de Março. A sua passagem para o sul efectua-se nos fins de Setembro e em Outubro, seguindo a beira-mar. Esta espécie, em muitas localidades do norte de Portugal, nidifica nas minas e nos poços abertos para irrigação dos campos destinados à cultura do milho.

Em S. Simão da Junqueira, Vila do Conde, um casal de andorinhas desta espécie, que nidificava sob um alpendre de casa de lavoura deu, em dois anos seguidos e no mesmo ninho, a primeira ninhada com dois filhos de plumagem igual aos pais e dois inteiramente brancos, incluindo unhas, dedos, tarso e bico. Estes quatro exemplares apenas apresentavam, a destacar do branco puro da plumagem, o vermelho da íris.

Genero DELICHON Moore.

207. *Delichon urbica urbica* (L.).

N. v. *Andorinha dos beirais, Andorinha*

A *andorinha dos beirais* chega geralmente a Portugal um pouco mais tarde que a andorinha dos poços, mas nós já a temos observado também no norte durante o mês de Fevereiro. Numa excursão que efectuámos em Junho de 1901, na parte do rio Douro, entre Freixo de Espada-à-Cinta e Lagoaça, ficamos surpreendidos ao ver os grandes blocos de granito, que guarneciam as margens do rio, revestidos de ninhos de andorinha.

Este facto causou-nos grande estranheza, por estarmos acostumados a ver esta andorinha nidificar junto do homem, até mesmo no interior das grandes cidades e em ruas de grande movimento. A legião de andorinhas que esvoaçava em torno dos ninhos, chilriando, dava um certo encanto a estes lugares tão selvagens e soturnos. A andorinha é abundante em toda esta região transmontana.

A partida para o sul tem lugar nos últimos dias de Setembro e nos princípios de Outubro, em grandes bandos, que se formam nos cimos das altas árvores e dos grandes edifícios, seguindo depois ao longo da costa.

Genero RIPARIA Forster.

208. *Riparia riparia riparia* (L.).

N. v. *Andorinha, Andorinha das barreiras, Pedreiro, Andorinha parda, Andorinha russa.*

A *andorinha das barreiras* é bastante comum em Portugal, desde Abril a Setembro, encontrando-se as suas colónias dispersas por todo o País, em sítios apropriados como: as margens dos rios, as grandes depressões do solo ou fundas escavações aonde elas possam abrir as galerias de que necessitam para abrigo dos seus ninhos. Num corte de terreno à margem da linha férrea de Vendas Novas, junto à estação de Setil, nidifica uma grande colónia. Na foz do rio Ave aparece regularmente em princípios de Agosto, conservando-se aí até ao fim de Setembro ou princípio de Outubro, data em que desaparece, seguindo para o sul, geralmente ao mesmo tempo que a *D. urbica*.

209. *Riparia rupestris* (Scopoli.).

N. v. *Andorinha de inverno, Andorinha das fragas, Andorinha das rochas, Andorinha brava.*

Esta espécie é comum na parte escarpada das margens dos rios Douro, Sousa e Ferreira aonde, em parte, se conserva durante todo o ano, o que faz dar a esta ave, em certas localidades, o nome de *andorinha de inverno*. Em alguns invernos aparece em pequenos bandos à beira-mar; no inverno de 1888 e 1889 um bando de doze a quinze indivíduos instalou-se na frontaria da igreja dos Clerigos. Nos cais das estações de Castelo Melhor e Almendra, linha férrea de Douro, temos obtido ninhos desta espécie de estrutura semelhante aos da *H. rustica* L.

Família MUSCICAPIDAE.

Genero MUSCICAPA Brisson.

210. *Muscicapa striata striata* (Pallas.).
(=M. grisola).

N. v. *Taralhão, Taralhão mosqueiro, Tralhão, Papa-moscas, Caça-moscas.*

O *taralhão* encontra-se em Portugal durante todo o ano, mas na sua maior parte é migrador. Temo-lo observado na primavera em certas localidades do sul do País aonde nidifica; mas no norte só lhe temos encontrado os ninhos nas imediações da Barca d'Alva. Durante a passagem para o sul, desde Agosto a Outubro, aparece em grande quantidade nos arredores do Porto.

211. *Muscicapa hypoleuca hypoleuca* (Pallas.).
(=M. atricapilla).

N. v. *Taralhão, Tarrascas, Pardinha.*

Esta espécie é abundante em Portugal desde Agosto a Outubro; chega, parte e frequenta os mesmos sítios que o taralhão mosqueiro, só com uma pequena diferença: enquanto que o taralhão mosqueiro no exercício da caça dos insectos voa silenciosamente, este, no exercício da mesma caça, solta uma curta nota enquanto voa.

212. *Muscicapa hypoleuca speculigera* Bp.
Quanto no estio de 1901 procediamos à colheita de exemplares ictiológicos no rio Douro, com destino à Estação Aquícola do rio Ave, obtivemos em 4 de Maio, pousado nuns arbustos não muito distante da Estação do Pocinho (caminho de ferro do Douro), um exemplar, ♂ adulto, desta sub-espécie. A este exemplar, em

conversas sobre assuntos ornitológicos com o sr. W. Tait, por diversas vezes nos referimos, sendo para nós muito estranhável que este autor não tenha feito no seu livro a mais leve referência a esta captura, tendo perfeito conhecimento dela.

Família TROGLODYTIDAE.

Genero TROGLODYTES Vieillot.

213. *Troglodytes troglodytes troglodytes* (L.).

N. v. *Carriça, Carroço, Escondrigeira.*

A *carriça* é comum e sedentária em Portugal; o seu canto, muito forte para o tamanho da ave, escuta-se durante todo o ano, mesmo nos dias mais frios de Dezembro e Janeiro. A carriça nidifica muito cedo, já em Fevereiro temos observado por diversas vezes ninhos dela. O povo tem razão quando diz que «a carriça dá carne à Páscoa», ou «carriça de bom cuidado, pela Páscoa tem criado». O ninho, que é enorme para o tamanho da ave, é feito com uma rapidez que admira.

Família CINCLIDAE.

Genero CINCLUS Borkhausen.

214. *Cinclus cinclus cinclus* (L.).

(=C. melanogaster Brehm.).

N. v. *Melro ribeirinho, Melro do rio, Melro truteiro, Malro peixeiro, Melro cachoeiro, Melro d'água, Melro do peito branco.*

O *melro ribeirinho* é comum e sedentário nos rios do norte de Portugal, com especialidade nos lugares montanhosos. Nas proximidades do Porto é vulgar nos rios Ferreira e Sousa e, também, já uma vez o obtivemos (assim como o nosso amigo sr. Adolfo de Oliveira) no rio Ave, junto ao açude de Vila do Conde. O

Dr. Paulino de Oliveira indica como limite sul desta espécie em Portugal, Miranda do Corvo.

Família TURDIDAE.

Genero TURDUS Linnaeus.

215. *Turdus merula merula* L.

N. v. *Melro, Merula.*

O *melro* é abundante, sedentário e geralmente distribuído em todo o país. Devido ao seu canto, que é muito apreciado dos amadores, o melro é muitas vezes conservado em gaiola.

216. *Turdus viscivorus viscivorus.* L.

N. v. *Tordeia, Tordeira, Toldeia, Tordoveia, Tórda.*

A *tordeia* é sedentária e comum em Portugal sendo, porém, mais frequente no norte. Durante o inverno, reunida em pequenos bandos, frequenta certos lugares que parece lhe são afeiçoados. É espécie muito desconfiada, dificilmente o caçador se lhe aproxima. Os seus ninhos contendo mais de três ovos são raros. Temos-lhe ouvido o canto em Dezembro, Janeiro e Fevereiro.

217. *Turdus pilaris* L.

N. v. *Zorzal, Trigueiro, Tordo-francês, Torda-francesa, Tordo-zorzal.*

O *trigueiro* é um migrador do norte que nos visita no outono, mas com pouca regularidade, deixando de aparecer em alguns anos para ser bastante comum em outros. Aparece em Outubro, conservando-se até Fevereiro.

Em 29 de Dezembro de 1906, com vento leste brando e grande geada, efectuou-se a maior passagem de tordos que até hoje nos tem sido dado observar; durante todo dia passaram ininterruptamente para o sul bandos e bandos de *Turdus pilaris, T. iliacus* e *T. philomelus.* Foi tal a abundância que durante alguns dias os campos próximos do mar se conservaram inundados de tordos, entre os quais não era dos menos abundantes o *T. pilaris.*

218. *Turdus torquatos torquatos* L.

N. v. *Melro do peito branco, Melro do papo branco.*

O *melro do papo branco* é muito raro em Portugal; os poucos exemplares que existem nos Museus, provenientes do País, são disso a prova. Nós, não obstante inúmeras excursões efectuadas, só uma única vez o obtivemos, em 25 de Outubro de 1908, no lugar das Cachinas, em Vila do Conde. O Dr. Paulino de Oliveira diz que os poucos exemplares que observou, foram todos capturados em Fevereiro, Março e Novembro.

219. *Turdus philomelus philomelus* Brehm.

(= T. musicus).

N. v. *Tordo, Tordo branco, Tórda.*

O *tordo* é uma espécie hibernal no País, que em grande número chega do norte em Outubro, conservando-se entre nós até Abril, data em que volta para o Norte. Na Barca d'Alva é abundantíssimo nas oliveiras desde Novembro a Janeiro, causando bastantes estragos na azeitona. Na serra do Barroso, em que dizem ele se reproduz, temos-lhe procurado o ninho, na estação própria, mas sempre sem resultado.

220. *Turdus philomelus clarkei* Hartert.

Incluímos esta sub-espécie no nosso catálogo, não só porque vemos citada a captura dum exemplar em Portugal pelo sr. W. Tait, mas porque, para uma boa parte dos ornitólogos, os indivíduos que se encontram no W. da Europa, concordam mais nas suas características com esta forma do que com a espécie tipo.

221. *Turdus musicus* L.

(=T. iliacus L.)

N. v. *Tordo pisco, Tordo.*

O *tordo pisco* é, como o precedente, um visitante de inverno chegando, regra geral, um pouco mais tarde e em menor número que ele. Em certos anos é abundante durante o mês de Fevereiro.

Também na Barca d'Alva aparece nas oliveiras, em grande número, na companhia do *T. philomelus* e *T. pilaris*, atraído, como estes, pela azeitona.

Genero MONTICOLA Boie.

222. *Monticola saxatilis* (L.).

N. v. *Melro das rochas, Melro das fragas, Melro ferreiro, Melro pedreiro, Macuco, Rabo-russo grande, Melro das pedras.*

O *melro das fragas* é comum em Portugal nos lugares rochosos, durante a época de reprodução; com especialidade na serra da Estrela, desde o observatório até às lagoas. Em Trás-os-Montes é comum em toda a província. Nas margens dos rios Sousa e Ferreira também é vulgar na mesma época.

223. *Monticola solitarius solitarius* (L.).

N. v. *Melro azul, Solitário, Murifela, Murfela, Merifela, Melro-fragueiro, Melro lapeiro, Melro das fragas.*

O *melro azul* é sedentário e um pouco comum nos lugares mais rochosos da província de Trás-os-Montes. Também o temos observado a nidificar nas margens escarpadas dos rios Ferreira e Sousa.

Genero PRUNELLA Vieillot.

224. *Prunella collaris collaris* (Scop.).

Desta espécie os únicos indivíduos que conhecemos, obtidos em Portugal, são: um morto por D. Carlos de Bragança, na serra de Cintra, e seis mortos por nós nas fragas da Ermida, serra do Marão, em Novembro de 1902.

225. *Prunella modularis obscurus* Tratz.

N. v. *Negrinha, Ferreirinha, Pretinha, Negreira, Castanheira, Ferrugenta, Serrana.*

A *negrinha* é sedentária e comum no norte de Portugal; no sul é pouco frequente, principalmente durante o estio. Nos meses de

Outubro e Novembro temos observado, nos matos das proximidades do Castelo da foz do rio Ave, pequenos bandos de negrinhas que supomos em viagem para o sul, pois que, se acaso as procurávamos no dia seguinte, já não encontrávamos vestígios delas. Era evidente que estas negrinhas migravam. Na Barca d'Alva temos notado, também, que esta espécie só ali aparece durante o inverno. Na serra da Estrela é abundante no estio desde o observatório até aos Cântaros.

Genero ERITHACUS Cuvier.

226. *Erithacus rubecula melophilus* Hartert.

N. v. *Pisco, Porco-pisco.*

O *pisco* é sedentário e abundante em Portugal, com especialidade na parte norte; no sul é menos comum, muito principalmente no estio. Na Barca d'Alva também o temos observado durante o inverno, para desaparecer, por completo, com a aproximação da primavera. O seu canto, com pequena interrupção, ouve-se durante todo o ano.

Genero PHOENICURUS Forster.

227. *Phoenicurus phoenicurus phoenicurus* (L.).

N. v. *Rabo-queimado, Rabita-ferreira, Rabirruiva, Rabêta, Rouxinol preto.*

Temos observado esta espécie com pouca frequência durante a sua passagem para o sul, nos meses de Setembro e Outubro, na foz do rio Ave, em Vila do Conde. O Museu do Porto possui alguns exemplares, entre os quais um obtido em Moncorvo com um anel da «Estação Ornitológica de Helgoland».

228. *Phoenicurus phoenicurus algeriensis* Kleinschm.

N. v. *Rabo-russo, Rabo-ruivo.*

Pelas dimensões das remigens devem pertencer a esta sub-espécie os diversos exemplares que, em muitas excursões, temos obtido no Algarve, nas serras da Estrela e do Barroso, e nos concelhos de Chaves e Vila Pouca de Aguiar, desde Abril a Outubro.

229. *Phoenicurus ochrurus gibraltariensis* (Gm.).

N. v. *Pisco-ferreiro, Rabo-queimado, Rabêta, Rabo-russo, Ferreiro, Ferrugento, Carvoeiro, Rabo-ruivo, Rabita-ferreiro, Rabirruivo, Mineiro.*

O *pisco-ferreiro* é sedentário e muito comum em Portugal, mas não há dúvida nenhuma de que uma parte é migradora. Na foz do rio Ave tivemos muitas vezes ocasião de observar que durante certos dias, no decorrer dos meses de Outubro e Novembro, apareciam na areia à beira-mar, pequenos grupos de ferreiros que seguiam para o sul. É esta, talvez, a espécie do género mais geralmente distribuída no País, porque tanto se observa à beira-mar como nas altas montanhas do interior e, até, no centro das cidades mais populosas.

Genero LUSCINIA Forster.

230. *Luscinia megarhyncha megarhyncha* Brehm.

N. v. *Rouxinol, Rouço*

O *rouxinol* é uma espécie de arribação, que chega em meados de Abril e se conserva entre nós até o fim de Setembro. Nos arredores do Porto é rara durante a primavera, mas na época da passagem para o sul, em Agosto e Setembro, é um pouco frequente nos lugares ensombrados, nas proximidades do mar. Entre os arbustos que marginam os canais das imediações da ria de Aveiro, é esta espécie abundante durante a época de reprodução; mas não o é menos abundante, na mesma época, nas imediações da Barca d'Alva.

231. *Luscina suecica cyanecula* (Wolf.).

N. v. *Pisco de peito azul, Garguleira, Lamieiro.*

O *pisco de peito azul* é comum em Portugal, desde Agosto a Outubro nos lugares sombrios, um tanto húmidos e de muita vegetação; a junqueira de Azurara, no estuário do Ave, que é inundada na preia-mar, é o sítio aonde o temos observado com mais frequência, não só na passagem do outono como na da primavera; nesta última, porém, em menor quantidade. Em Valongo, aonde a espécie é designada pelo nome de garguleira, são apanhados muitos exemplares, nas armadilhas colocadas nos campos de milho para a caça das sombrias, em Setembro.

Genero SAXICOLA Bechstein.

232. *Saxicola rubetra rubetra* (L.).

N. v. *Chasco branco, Tange-asno, Chasco d'arribação, Chasco, Tanjarro, Pardinha, Tánjaro.*

O *tánjaro* é muito comum em Portugal desde meados de Agosto a fins de Outubro; mas em alguns anos conserva-se até muito mais tarde entre nós. No inverno de 1896 e 1897 observámos quase diariamente, esta espécie nos meses de Novembro, Dezembro, Janeiro e Fevereiro; o dia 23 de Fevereiro foi aquele em que pela última vez a observamos. Ignoramos se a espécie se reproduz no País, mas já em 4 de Abril de 1908, matámos na Barca d'Alva, um macho adulto em completa plumagem de núpcias.

233. *Saxicola torquata hibernans* (Hart.).

N. v. *Chasco, Cartaxo, Chasco preto.*

O *chasco preto* é abundante e geralmente distribuído no País; a Barca d'Alva é o único lugar que conhecemos aonde o chasco raríssimas vezes aparece. Em Escalhão, a que o lugar da Barca d'Alva pertence, é esta espécie muito comum e conhecida pelo nome de cartaxo. Assim temos que: Escalhão, Arêgos, Seixoso e Água podem estabelecer o limite norte da expansão geográfica do nome de cartaxo dado a esta espécie.

Genero OENANTHE Vieillot.

234. *Oenanthe oenanthe oenanthe* (L.).

N. v. *Chasco das pedras, Chasco do monte, Tange-asnos, Tanjarro, Terreoeiro, Queijeira, Tarroeira, Caiada, Rabo-branco, Rebalva, Rabialva, Cualvo.*

O *chasco do monte* é comum em Portugal desde os meados de Abril a fins de Setembro; em certos anos ainda em Outubro e princípios de Novembro se observam alguns exemplares juvenis nas proximidades do mar; provavelmente indivíduos retardatários na passagem para o sul. Reproduz-se nos lugares rochosos tanto do interior como da beira-mar.

235. *Oenanthe hispanica hispanica* (L.).

N. v. *Chasco branco, Chasco do monte, Rabialva, Tange-asno, Terroeiro, Caiada, Queijeira, Cualvo, Tanjarro.*

O *chasco do monte* é vulgar em todo o País desde Abril a Agosto. Nós temo-lo observado nas serras pouco elevadas e nas planícies. Em Valongo é muito frequente vê-lo a reproduzir-se nos montes de entulho proveniente das pedreiras para a extracção de lousas.

236. *Oenanthe leucura leucura* (Gmelin).

N. v. *Melro buraqueiro, Melro pedreiro, Rabo-branco, Frade, Chasco de leque.*

O *melro buraqueiro* é sedentário e comum em determinadas regiões do País; o distrito de Bragança é aquele aonde o temos observado em maior abundância; os socalcos das encontras para a plantação das vinhas, são os seus lugares predilectos para a construção dos ninhos. No Alentejo, aonde também se encontra, temo-lo visto instalado, assim como em Vila Viçosa, nas frontarias das igrejas.

Família SYLVIDAE.

Genero AGROBATES Swainson.

237. *Agrobates galactotes galactotes* (Temm.).

N. v. *Rouxinol do mato, Solitário.*

O *solitário* é um habitante do sul do País e, no dizer de D. Carlos de Bragança, comum durante o estio. Em Vila Viçosa, aonde nos pareceu não ser raro, ouvimos dar-lhe o nome de solitário. Os exemplares do Museu de Coimbra são provenientes de Penacova e Campo maior. O Museu Bocage também possui exemplares obtidos no Sul.

Genero LOCUSTELLA Kaup.

238. *Locustella naevia naevia* (Bodd.).

Esta espécie é de passagem regular em Portugal; aparece na foz dos rios Ave e Leça, invariavelmente nos mesmos lugares, durante os meses de Setembro e Outubro. Não é rara. Na foz do rio Ave os seus lugares predilectos são os terrenos húmidos e cobertos de mato das proximidades do Castelo, donde só calcando-a se consegue fazê-la levantar voo.

239. *Locustella luscinioides luscinioides* (Savi.).

Sob a autoridade do sr. Dr. José Maria Rosa de Carvalho, de Coimbra, indicamos esta espécie de Portugal.

Genero ACROCEPHALUS Naumann.

240. *Acrocephalus arundinaceus arundinaceus* (L.).

N. v. *Rouxinol das canizias, Rouxinol dos paúis, Rouxinol das caniças, Chinchafoes, Pinta-ró-ró*

O *rouxinol dos paúis* é abundante nos terrenos inundados do Ribatejo e na ria de Aveiro, desde Abril a Outubro. O seu canto, que é muito forte e rumoroso, faz-se ouvir a grande distância por sobre as caniças; as mais velhas e mais altas são as que ele prefere para tecer o seu ninho, reunindo três ou quatro caniças com uma arte que encanta.

241. *Acrocephalus scirpaceus scirpaceus* (Herm.).

(= A. streperus)

N. v. *Rouxinol pequeno das caniças, Felosa, Fura-balsas, Chiadeira, Flocha.*

O *rouxinol pequeno das caniças* é comum durante a reprodução na ria de Aveiro, nas margens de alguns rios e em diversos pântanos do sul do País aonde existam caniças; no outono, durante a passagem para o sul, é abundante nos lugares húmidos e de muita vegetação próximo da costa.

242. *Acrocephalus schoenobaenus* (L.).

(= A. phragmitis)

N. v. *Felosa dos juncos.*

Esta espécie é um pouco comum na foz dos rios Ave e Leça, desde os meados de Agosto a princípios de Outubro. Na nossa colecção possuímos diversos exemplares obtidos na Junqueira, em Azurara, na margem esquerda do Ave e nos terrenos encharcados de Touguinha.

243. *Acrocephalus aquaticus* (Gmelin.).

N. v. *Felosa dos juncos.*

A *felosa dos juncos* é comum na foz dos rios Leça e Ave, nos terrenos húmidos com vegetação, durante os meses de Agosto, Setembro e Outubro. Nas dependências da Estação Aquícola do Ave é muito frequente entre a vegetação, que cresce no bordo das piscinas, durante o mês de Setembro.

Genero CISTICOLA Kaup.

244. *Cisticola juncidis cisticola* (Temm.).

N. v. *Gile-Gile, Boita, Fuinho, Papaúlhe, Girre-girre, Chincra, Chincha-foles, Tistías, Papa-moscas, Cochicha, Garrafinha, Bentoinha.*

O *gile-gile* é abundante em Portugal, entre a erva alta dos campos húmidos próximos do mar e nos lugares pantanosos, aonde as caniças e os juncos abundem, desde Março a Setembro; mas, já em alguns anos o temos observado na foz dos rios Ave e Leça, desde Fevereiro a Novembro.

O ninho desta espécie é muito curioso; pela forma e pelos materiais empregados, faz lembrar uma crisálida de bicho da seda em ponto grande, preso às hastes dos juncos ou gramíneas, nos campos húmidos ou encharcados.

O nome de *garrafinha*, porque esta espécie é designada em Leça da Palmeira, provem-lhe da forma do seu ninho.

Genero HIPPOLAIS Baldenstein.

245. *Hyppolais polyglotta* (Vieill.).

N. v. *Felosa d'ovos côr de vinho.*

Esta espécie é comum em Portugal desde Abril a Agosto. Nas proximidades do Porto não é rara. Arremeda com muita facilidade o canto de outros pássaros. O seu ninho é um dos mais belos dos pássaros Portugueses.

246. *Hyppolais pallida opoca* Cab.

O Dr. Paulino de Oliveira, no seu livro *Aves da Peninsula Ibérica*, diz que matou em Esmoriz um indivíduo desta sub-espécie em 25 de Setembro; não indicando o ano, que, para nós, deve ser o de 1896, visto que o exemplar já não pôde ser utilizado para a elaboração das tabelas dos silvídeos que já se achavam impressas, sendo o livro publicado nesse mesmo ano de 1896.

Genero SYLVIA Scopoli.

247. *Sylvia communis communis* Latham.

(= S. cinerea).

N. v. *Papa amoras, Amoreira, Pica amoras, Felosa de papo branco, Felosa, Fulécra, Flecha, Fulecra parda, Fuléca, Tarréu, Felosa real.*

A *amoreira* é muito comum no País desde Março a Outubro. Em Setembro, durante a grande passagem das aves para o sul, é esta espécie abundante nas proximidades do Porto, aparecendo até nos quintais e jardins do interior da cidade com muita frequência.

248. *Sylvia borin borin* (Boddaert.).

(= S. hortensis).

N. v. *Papa-figos, Felosa, Felosa das figueiras, Flecha, Fulécra.*

Esta espécie é de passagem dupla e regular em Portugal; mas numa certa quantidade também aqui nidifica. Na sua passagem de outono, para o sul, é muito abundante nas figueiras, engordando pasmosamente, o que a faz tornar-se muito apreciada pelos gastrónomos. Em Março volta para o norte, mas então a sua passagem é quase desapercebida.

249. *Sylvia hortensis hortensis* (Gm.).

(= S. orphea).

N. v. *Felosa, Floucho, Picança, Fulécra.*

A *felosa orphea* observa-se abundantemente, durante a reprodução, no Algarve, em vertas localidades do Alentejo, da Estremadura e de Trás-os-Montes; o seu canto muito forte denuncia a sua presença.

250. *Sylvia atricapilla atricapilla* (L.).

N. v. *Toutinegra, Tutinegra, Tutinegra real, Felosa real, Picança, Fulécra.*

A *tutinegra* é muito comum e sedentária em todos os lugares arborizados do País. Na Barca d'Alva é abundantíssima durante o período da maturação da azeitona, em que produz certo estrago, desaparecendo por completo desta localidade com a aproximação da primavera.

251. *Sylvia melanocephala melanocephala* (Gm.).

Nv. Fura-balsas, Tutinegra dos valados, Fura-moitas, Flecha, Fulécra.

A *fura-balsas* é sedentária e comum no sul e centro do País, rareando à maneira que se avança para o norte. A região mais setentrional do País aonde a temos observado a reproduzir-se regularmente, é a que abrange os concelhos de Freixo de Espada-à-Cinta e de Moncorvo. Nos arredores do Porto é muito rara, só têm aparecido alguns exemplares, entre os silvados próximos do mar.

252. *Sylvia cantillans cantillans* Pallas.

Desta espécie existem exemplares, obtidos em Portugal, nos Museus de Lisboa e Coimbra, e o falecido Rei D. Carlos, no seu *Catálogo Ilustrado das Aves de Portugal*, diz que ela é comum no Algarve desde Maio a Setembro. O sr. A. Peão Lopes obteve alguns exemplares da espécie, em S. Brás de Alportel em Maio de 1926.

253. *Sylvia conspicillata conspicillata* Temm.

O Museu Bocage da Universidade de Lisboa possui um exemplar desta espécie, obtido no País e o Rei D. Carlos, na obra já mencionada, diz que esta espécie é «comum no Algarve na primavera e no Verão». Desta espécie obteve, também em S. Brás de Alportel, o sr. A. Peão Lopes alguns exemplares.

254. *Sylvia curruca curruca* (L.).

O falecido Rei D. Carlos no seu *Catálogo* cita esta espécie, declarando-a «bastante comum durante o inverno no Algarve»; mas actualmente não existe, a confirmar esta notícia, exemplar algum nos museus do País. O Museu de Coimbra possuía um exemplar obtido em Maiorca, mas presentemente esse espécime já ali não existe.

255. *Sylvia undata aremorica* (Palluel.).

N. v. *Chêdre, Chêde, Passarinha preta, Flecha, Rosinha, Felosa do mato*

O *chêdre* é comum e sedentário no País, habitando as serras e os terrenos aonde abunde a vegetação silvestre; mas é bastante localizado, revelando grande predilecção por certos lugares, em preferência a outros. Na Barca d'Alva é abundantíssimo durante a nidificação. No inverno aparece isolado ou em pequenos bandos, nos matos à beira-mar, ficando um ou outros casal durante o estio.

Genero PHYLLOSCOPUS Boie.

256. *Phylloscopus collybita collybita* (Vieill.).

N. v. *Felosa, Folosa, Filós, Felocha, Feloca, Felora, Flór, Feleca, Fuleca, Fulécra, Flecha, Fuim, Fuinha, Funcho, Chuinho, Serinfolha, Ferifolha, Furifolha, Felosa das couves, Fulecra amarela, Tolinha das couves.*

A *felosa* é sedentária, comum e geralmente distribuída em Portugal; nos meses de Dezembro e Janeiro é muito frequente, reunida em pequenos bandos, nos penedos, nas ervas e nos matos próximos do mar; quando observamos estes bandos temos sempre a impressão de que são bandos migrando para o sul.

257. *Phylloscopus trochilus trochilus* (L.).

N. v. *Os mesmos da espécie precedente.*

A *felosa* chega a Portugal de passagem para o sul, em Julho e conserva-se até Outubro; em certos anos é abundante por toda a parte, durante este período, mas em outros quase que não se dá pela sua passagem. Nunca a encontramos durante a reprodução em nossas excursões às serras do norte do País.

258. *Phylloscopus bonelli bonelli* (Vieill.).

N. v. *Felosa, Fulécra, Serinfolha.*

Esta *felosa* é espécie de arribação e pouco comum em Portugal; em Setembro aparece em pequeno número à beira-mar de passagem para o sul. No estio é relativamente vulgar nos concelhos de Vila Pouca de Aguiar, Chaves e Montalegre. A serra do Barroso é o seu lugar de eleição para nidificar.

259. *Phylloscopus sibilatrix sibilatrix* (Bechst.).

Obtido em 1887, em Barranhos, possui o Museu Bocage um exemplar desta espécie e D. Carlos de Bragança apresenta-a como «sedentária e pouco comum nas serras da Beira». Nós nunca a encontramos nas nossas excursões, mas supomos que ela deva aparecer no País durante a passagem do outono, pois que já observamos numa colecção particular, um exemplar obtido nas proximidades de Leça da Palmeira, durante o mês de Setembro.

Genero CETTIA Bonaparte.

260. *Cettia cetti cetti* (Temm.).

N. v. *Rouxinol bravo.*

O *rouxinol bravo* é sedentário e parcialmente migrador; na foz dos rios Ave e Leça, temo-lo observado com frequência desde Outubro a Março. Nas margens dos rios Águeda, Mondego, Almonda, Tejo e Alcôa é abundante durante a época da nidificação.

Família LANIIDAE.

Genero LANIUS Linnaeus.

261. *Lanius excubitor meridionalis* Temminck.

N. v. *Picanço negral, Picanço bravo, Picanço real, Picanço bacoreiro, Picanço pedrês, Picanço, Tajérro, Tanjarro.*

O *picanço negral* é sedentário, pouco vulgar e muito localizado em Portugal; durante a reprodução temo-lo observado no Algarve, no Alentejo e na Estremadura; mas nas serras altas só uma única vez o observamos na do Soajo, em Junho de 1902. No inverno aparece à beira-mar e em algumas localidades do interior como a Barca d'Alva, etc. Em Coruche, Estremadura, é esta espécie comum e parece que sedentária, conservando ainda o nome popular de *Picanço negral*: nome porque já era conhecida no tempo em que Diogo Fernandes Ferreira publicou a sua *Arte da Caça de Altaneria.*

262. *Lanius senator senator* L.

N. v. *Picanço barreteiro, Tanjarro, Pica-porco, Picanço manso, Zoli, Picanço, Tanjerro, Tajérro, Pardal real, Picanço barrete, Pinta-lo-porco, Cascarrólho.*

O *picanço barreteiro* é uma espécie abundante em Portugal, desde os princípios de Abril aos fins de Setembro. Na sua partida para o sul, seguindo a regra geral, os adultos partem primeiro. O ninho desta espécie feito de plantas odoríferas é um primor.

263. *Lanius collurio collurio* L.

N. v. *Cascarrólho.*

O *cascarrólho* é espécie estival e muito localizada no País; nós apenas o temos observado desde Maio a Setembro nos concelhos de Vila Pouca de Aguiar, Chaves e Montalegre. É, porém, neste último concelho, que abrange toda a serra do Barroso, que a espécie é mais abundante e aonde temos obtido diversos ninhos.

Família PARIDAE.

Genero PARUS Linnaeus.

264. *Parus major major* L.

N. v. *Chapim real, Megengro, Magengro, Chincharravelho, Chincharravelha, Chapim, Cachapim, Pinta-caldeira, Malha ferreiro, Batachim, Pinta ferreiro, Cedovem, Semeia-ó-milho, Surdivais ferreiro, Caldeirinha, Cadeirinha, Patachim, Pinta-cardeira, Semeia-ó-linho, Chinchalaré, Ferreiro, Pimpim-servém, Surdivam, Papa-abelhas, Poda-a-avinha, Lima-à-serra, Semi-mi, Faça-a-poda, Megengra.*

O *chapim real* é muito comum e sedentário no País e, parece-nos ser, dentre todas as espécies do género que entre nós se encontram, a mais abundante e a mais geralmente distribuída. O *chapim* é um dos pássaros que mais cedo começa a cantar, sendo por esse facto considerado um dos precursores da primavera. Como a primavera é a estação das sementeiras, diz o povo dos campos que esse canto significa «semeia-ó-linho» ou «semeia-ó-milho», conforme as localidades.

265. *Parus caeruleus harterti* Tratz.

N. v. *Chapim azul, Chincha pequena, Codovem pequeno, Fura-bugalhos, Chincharravelha, Cedovem, Chinchalaré.*

O *chapim azul* é vulgar e sedentário em todo o País; nos arvoredos das proximidades da cidade do Porto e, mesmo nos jardins e quintais da própria cidade, é talvez tão frequente como a espécie precedente.

266. *Parus ater vieirae* Nicholson.

N. v. *Chapim carvoeiro, Fura-bugalhos, Magengro, Chincha pequena, Cachapim, Codovem pequeno, Chinchalaré, Chincharravelha.*

O *chapim carvoeiro* é sedentário e comum em Portugal. Nós temo-lo observado em muitas localidades do sul, mas a espécie é particularmente comum nos pinhais do norte do País. Nos arredores do Porto, e até mesmo entre o arvoredo dos jardins da cidade é frequente.

267. *Parus cristatus weigoldi* Tratz.

N. v. *Chincharravelha, Fura-bugalhos, Chapim de poupa, Chinchalaré, Megengro de poupa, Chincha de poupa, Magengra de poupa.*

O *chapim de poupa* é comum e sedentário no norte de Portugal, com especialidade nos pinhais a leste e a norte do Porto, rareando à medida que se avança para o sul, sendo já pouco frequente no Buçaco e arredores de Coimbra.

Genero AEGITHALOS Hermann.

268. *Aegithalos caudatus taiti* Ingram.

N. v. *Rabilongo, Quissarro, Foguete, Fradinho, Megengra francesa, Rabo-de-foguete, Colher.*

O *rabilongo* é comum e sedentário em Portugal; mas conhecemos muitas localidades aonde ele se falta por completo. No arvoredo que ensombra as piscinas da Estação Aquícola do rio Ave, vive e reproduz-se regularmente esta espécie. Depois de passada a época da criação reúne-se em pequenos bandos.

Genero PANURUS Kock.

269. Panurus biarmicus biarmicus (L.).

Ainda não conseguimos verificar a existência desta espécie no País, mas como a encontramos citada na obra do sr. W. Tait, e também a ela se refere o Dr. Paulino de Oliveira, aqui a deixamos mencionada.

Família REGULIDAE.

Genero REGULUS Vieillot.

270. Regulus regulus regulus (L.).

N. v. *Estrelinha, Felosa de poupa*

A *estrelinha* é uma espécie que aparece com certa regularidade, durante o inverno, em Portugal, e que se observa reunida em pequenos bandos, percorrendo os arvoredos, com especialidade os pinheiros do litoral, como acontece em Matosinhos e Leça, aonde temos obtido diversos exemplares.

271. Regulus ignicapillus ignicapillus (Temm.)

N. v. *Estrelinha, Felosa de poupa*

Esta espécie, como a precedente, aparece em pequenos bandos, durante o inverno, em Portugal, mas em maior quantidade do que aquela. Durante o estio já por mais de que uma vez a temos obtido no País. O sr. Raúl Monteiro possuía na sua colecção quatro ovos, que apresentavam todas as características dos ovos de *estrelinha*, que tinham pertencido a um ninho obtido em Maio de 1902, nas Caldas de Aregos, margem esquerda do rio Douro.

Família SITTIDAE.

Genero SITTA Linnaeus.

272. *Sitta europaea hispaniensis* Wither.

N. v. *Trepadeira azul, Pica-pau cinzento, Pica-pau, Descedeira, Carrapito, Carropito, Alhorca.*

A *trepadeira azul* é comum e sedentária no País, mas bastante localizada. O colorido de plumagem entre esta espécie varia bastante com as regiões; disso facilmente nos capacitamos, confrontando exemplares do Alentejo com os de Trás os-Montes e do Minho.

Família CERTHIIDAE.

Genero TICHODROMA Illiger.

273. *Tichodroma muraria* (L.).

N. v. *Trepadeira dos muros.*

A *trepadeira dos muros* é espécie muito rara em Portugal; o único exemplar que conhecemos de autêntica proveniência Portuguesa, é o que existe na colecção ornitológica do Museu Zoológico da Universidade de Coimbra.

Genero CERTHIA Linnaeus.

274. *Certhia brachydactyla ultramontana* Hartert.

N. v. *Trepadeira, Subideira, Engatinhadeira, Carrapito pequeno, Carropito, Carrapito, Atrepa, Trepa-pinheiros, Trepeira, Engatadeira, Engarradeira, Arribadeira, Serigaita, Atrepa-gato, Sube-sube, Marinheira.*

A *trepadeira* é sedentária e comum em todos os lugares arborizados de Portugal. As variações de colorido e, até, de dimensões, que apresentam os exemplares desta espécie, existentes na colecção do Museu de Zoologia da Universidade de Porto, levam-nos a crer que a *C. b. ultramontana* não seja a única forma de trepadeira existente no País. Em ocasião mais oportuna diremos das diferenças observadas entre as trepadeiras obtidas em Portugal.

Família MOTACILLIDAE.

Genero ANTHUS Bechstein.

275. *Anthus richardi richardi* Vieillot.

A *petinha de richard* é uma espécie rara em Portugal, pois que, além do indivíduo morto pelo Dr. Paulino de Oliveira, em Esmoriz, apenas conhecemos os exemplares da nossa colecção, obtidos todos eles nas proximidades da foz do rio Ave, desde 1900 a 1909. Os meses em que obtivemos esses exemplares foram os de Outubro e Novembro; mas já uma vez observamos um indivíduo durante todo o inverno, até ao dia 22 de Março.

276. *Anthus campestris campestris* (L.).

A *petinha dos campos* é espécie estival e de dupla passagem em Portugal, observando-se desde Abril a Julho nas serras do interior, aonde se reproduz. Nas proximidades do Porto nidifica na serra de Santa Justa, em Valongo, aonde é bastante vulgar e aonde temos ouvido os pastores darem-lhe o nome de *carreirola*. Em Setembro e Outubro, de passagem para o sul, aparece reunida em famílias, ao longo da costa.

277. *Anthus trivialis trivialis* (L.).

N. v. *Petinha, Sombria, Pis-Pizes, Cia, Cião, Cicia, Ciôto.*

A *petinha das árvores* é uma espécie migradora, que se observa em grande quantidade no nosso País, durante a sua passagem para o sul, desde meados de Agosto a meados de Outubro. No seu regresso ao norte, na primavera, só a temos observado na Barca d'Alva, durante o mês de Abril.

278. *Anthus pratensis* (L.).

N. v. *os mesmos da espécie precedente.*

A *petinha dos prados* é uma espécie hibernal em Portugal; chega do norte em grande quantidade em Outubro e Novembro, voltando para o norte em Março e Abril. Observa-se indistintamente em todo o País.

279. *Anthus cervinus* (Pallas.).

A *petinha de garganta vermelha* é espécie muito rara em Portugal; nós apenas conhecemos, de autêntica proveniência portuguesa, o exemplar que matamos na foz do rio Ave, em 22 de Outubro de 1908.

280. *Anthus spinoletta spinoletta* (L.).

N. v. *Cia, Cicia, Cião.*

A *petinha aquática*, na sua passagem para o sul, aparece em Portugal no princípio de Outubro, conservando-se algumas vezes entre nós até o seu regresso ao norte: em Março e Abril. Nunca pudemos verificar se a espécie se reproduz em Portugal.

281. *Anthus spinoletta petrosus* (Mont.).

N. v. *Cia.*

Temos obtido alguns exemplars desta sub-espécie durante os meses de inverno no estuário do rio Ave e nalguns lugares rochosos da costa norte de Portugal.

Genero MOTACILLA Linnaeus.

282. *Motacilla flava iberiae* Hartert.

N. v. *Lavandisca boieira, Cia, Lavandisca amarela, Boieira, Lavandisca da India, Lavandeira da India, Arvéla, Alveliço, Alveloa amarela, Alvelôa, Lavandeira amarela, Arvéola, Boieira amarela.*

A *alvéola amarela* é muito comum em Portugal, desde os princípios de Abril aos fins de Agosto, principalmente em regiões encharcadas como a da ria de Aveiro. Reproduz-se em colónias.

283. *Motacilla flava rayi* (Bp.).

N. v. *Boieira, Lavandisca boieira, Alvéola, Lavandisca da India, Arveloa amarela, Arvéla, Avoeira, Arveola, Voeira, Bóeira.*

Esta espécie é abundante em Portugal nos meses de Setembro e Outubro, data em que realiza a sua passagem para o sul. Na primavera, quando regressa ao norte, aparece também no País, mas em pequeno número; nos estuários dos rios Ave e Leça temos observado, com certa frequência, exemplares da espécie durante o mês de Abril. Alguns autores estrangeiros dizem que esta espécie se reproduz em Portugal; mas nós nunca lhe encontramos os ninhos na parte do País em que temos efectuado explorações.

284. *Motacilla cinerea cinerea* Tunstall.

N. v. *Lavandisca amarela, Lavandisca da India, Lavandisca dos regatos, Lavandeira, Boieira dos ribeiros, Avoeira dágua, Lavandisca do rio, Chirina do rio, Lavandisca dos regatos, Lavandisca.*

Esta espécie é comum, sedentária e parcialmente migradora em Portugal. Durante o inverno temo-la observado até nos tanques do interior da cidade do Porto.

285. *Motacilla alba alba* L.

N. v. *Alvéola, Lavandisca, Lavandeira, Boieira, Avoeira, Boeira, Arvéla, Arvéola, Arvelinha, Rabodarvéla, Alvelôa, Alverôa, Alvélroa, Alvéloa branca, Chiría, Chirina, Chirila, Gonçalinho, Rabêta, Pespita, Pastorinha, Alvela, Boieirinha.*

A *alvéola comum* é abundante e sedentária, mas uma grande parte migra para o sul no outono. Em certas localidades do sul do País falta na primavera.

286. *Motacilla alba lugubris* Temminck.

N. v. *Além de grande parte dos indicados para a espécie precedente, mais o de Lavandisca preta.*

A *lavandisca preta* é uma espécie hibernante e bastante comum em Portugal; chega do norte em Outubro regressando no princípio da primavera, geralmente ao mesmo tempo que a *Motacilla alba*.

Família ALAUDIDAE.

Genero MELANOCORYPHA Boie.

287. *Melanocorypha calandra calandra* (L.).

N. v. *Cochicho, Calhandra, Calhandra real, Calandra, Calandra real.*

O *cochicho* é vulgar em Portugal, mas muito localizado, principalmente no norte, aonde apenas se conhece o importante centro de nidificação das proximidades de Miranda do Douro. No centro e sul do País são um pouco mais numerosos os lugares em que a espécie se reproduz; o mais importante, sem dúvida, é o do Alto Alentejo, aonde a espécie nidifica abundantemente.

Durante o inverno aparecem à venda na praça da Figueira, Lisboa, destinada à alimentação da cidade, grande quantidade de enfiadas de cochichos, que supomos serem provenientes do Alentejo.

Genero ALAUDA Linnaeus.

288. *Alauda arvensis arvensis* L.

N. v. *Laverca, Calhandra, Calandra, Lavêrco, Caturreira, Paspalhaça*

A *laverca* aparece em Portugal desde o princípio de Outubro ao fim de Março, sendo principalmente abundante nos terrenos cultivados durante o inverno.

Numa excursão que efectuámos à serra de Arouca, em 16 de Maio de 1885, muito nos surpreendeu a presença de lavercas no cume da serra, numa época do ano em que elas já tinham desaparecido dos campos, dos arredores do Porto, há muito tempo; mas muito mais surpreso ficámos quando, obtidos alguns exemplares, lhe atendemos na cor da plumagem, que era muito mais escura que a das lavercas que obtínhamos durante o inverno nos campos. Procurando investigar se o facto se repetiria em outras serras, realizámos, em anos seguidos, durante os meses da primavera, uma série de excursões ornitológicas, que nos levaram ao conhecimento de que a laverca se reproduzia em muitas serras de Portugal, e que, pelo escuro da sua plumagem, esta laverca devia constituir uma nova sub-espécie ou, como então se dizia, uma nova variedade. Coligidos diversos exemplares, em diferentes serras e nos terrenos cobertos de juncos das proximidades da ria de Aveiro, redigimos a descrição de uma nova sub-espécie, a que demos o nome de Alauda arvensis lusitanica; mas, por um descuido imperdoável, deixámos de publicar essa descrição. Actualmente pretende-se fazer da laverca que nidifica em Portugal duas formas: uma que foi descrita pelo Dr. H. Weigold e outra pelo sr. H. Witherby. Para não prolongarmos muito este catálogo, limitamo-nos por hoje a enumerar essas duas sub-espécies, deixando para ocasião mais oportuna a exposição do nosso modo de vêr sobre o assunto.

289. *Alauda arvensis sierrae* Weigold.

290. *Alauda arvensis guillelmi* Witherby.

A *laverca* que nidifica em Portugal é conhecida entre o povo pelos nomes seguintes: *laverca, cotovia, calhandra* e *paspalhaça*; encontrando-se em todas as serras altas, nas lezírias do Tejo e nas terras baixas e cobertas de junco das imediações da ria de Aveiro.

Genero CALANDRELLA Kaup.

291. *Calandrella brachydactyla brachydactyla* (Leisl.).

N. v. *Calhandra, Laverca, Calandrinha, Carreirola.*

Esta espécie é comum em Portugal desde Março a Setembro, reproduzindo-se nos terrenos areentos e descobertos do litoral. Em Trás-os-Montes e na Beira Baixa nidifica nos terrenos de cultura de cereais, em descanso, e que apresentam à vista o aspecto de terrenos incultos. Em Julho e Agosto frequenta, reunida em bandos, os campos de milho em regiões elevadas e secas.

292. *Calandrella rufescens apetzii* (Brehm.).

(= C. boetica Dresser).

O Museu de Zoologia da Universidade de Coimbra possui cinco exemplares desta espécie, obtidos em Fevereiro, Março e Dezembro de 1893, na província do Algarve. O Museu Bocage também possui alguns exemplares desta forma.

Genero LULLULA Kaup.

293. *Lullula arborea arborea* (L.).

N. v. *Cotovia, Piorra, Cotovia pequena.*

A *cotovia* é comum e sedentária observando-se indistintamente em todo o País. Os seus ninhos encontram-se, geralmente, nas serras do interior, mas também já os temos observados nas dunas próximo do mar. Durante o inverno, reunida às famílias, percorre os campos, sendo então vista com mais frequência, à beira-mar. O seu canto duma doce melancolia escuta-se durante a primavera e grande parte do outono. É espécie muito pouco tímida deixando aproximar-se-lhe sem dificuldade.

Genero GALERIDA Boie.

294. *Galerida cristata pallida.*

N. v. *Cotovia de poupa, Cotovia, Capatorra, Caturreira, Calhandra, Paspalhuça.*

A *cotovia de poupa* é comum e geralmente distribuída em Portugal, sendo no entanto os terrenos de cultura de cereais os seus lugares predilectos. São bastante variáveis no colorido de plumagem os exemplares desta espécie que temos obtido no País.

295. *Galerida theklae theklae* Brehm.

Nenhum dos Museus Zoológicos das três Universidades do País possui representantes da espécie nas suas colecções, mas sabe-se que diversos exemplares têm sido obtidos no sul do País, por naturalistas ingleses e alemães. Obtido na Barca d'Alva, em 10 de Maio de 1904, possuímos nós também, em outros tempos, um exemplar que pela forma do bico e colorido de plumagem devia pertencer a esta espécie. A falta de meios, com que sempre temos lutado, opondo-se à realização de explorações metódicas e demoradas no centro e sul, tem-nos impedido de conhecer da distribuição e frequência da espécie a dentro do País. É na realidade deprimente para o ornitólogo português o ter de recorrer a obras estrangeiras, para conhecer o que lhe vai por casa; mas tem sido assim mesmo.

A Ex.ma Junta de Educação Nacional, concedendo um subsídio para trabalhos de campo, auxilia de modo eficaz o estudo da ornitologia em Portugal: ciência de tantos atractivos e que tão poucos cultores conta entre nós.

Genero CHERSOPHILUS Sharpe.

296. *Chersophilus duponti duponti* (Vieillot.).

O Museu Bocage da Universidade de Lisboa possui cinco exemplares desta espécie todos obtidos no Alfeite, margem esquerda do Tejo, em frente a Lisboa. Um dos exemplares, que foi morto em Junho, é um juvenil que, pelo estado da plumagem, devia ter sido morto pouco tempo depois de abandonar o ninho; isto prova que a espécie se reproduz na localidade.

Família FRINGILLIDAE.

Genero CHLORIS Cuvier.

297. *Chloris chloris aurantiiventris* (Cabanis.).

N. v. *Verdilhão, Amarelão, Milheirão, Verdizel, Mourisco, Verdilhote, Verderol.*

O *verdilhão* é muito comum e sedentário em Portugal; mas uma grande parte migra para o sul durante o outono. Temos notado que em certas localidades os verdilhões, durante o inverno, se alimentam de «pinhões de pinhas bravas». É por este nome que em muitas terras do norte do País temos ouvido o povo designar o penisco. Em nossas excursões temos obtido exemplares mais escuros, que nos parece pertencerem à forma típica.

Genero COCCOTHRAUSTES Brisson.

298. Coccothraustes coccothraustes coccothraustes (L.).

N. v. *Bico-grosso, Brico-grossudo, Chincalhão, Pintalhão, Pardal do monte, Pardal francês, Pardal espanhol, Bico gordo, Torcasio, Trinca-pinhas.*

O *bico-grosso* é bastante comum em Portugal, mas não regularmente distribuído. Reproduz-se em diversas localidades. É frequente nos olivedos dos concelhos de Freixo de Espada-à-Cinta e de Figueira de Castelo Rodrigo, durante o inverno, aonde causa alguns estragos na azeitona para se utilizar dos caroços da mesma.

Genero FRINGILLA Linnaeus.

299. Fringilla coelebs coelebs L.

N. v. *Tentilhão, Pim-pim, Pimpalhão, Chincho, Patachim, Chincalhão, Pardal castanheiro, Chincalhão d'ala branca, Pintalhão, Pinche, Pachassim, Batachim.*

O *tentilhão* é abundante, sedentário e de passagem regular em Portugal; os que passam o inverno connosco reúnem-se em grandes bandos percorrendo os campos com especialidade os de pousio.

300. Fringilla montifringilla L.

N. v. *Tentilhão montês.*

O *tentilhão montês* é pouco frequente em Portugal; os exemplares que temos observado têm sido capturados desde os princípios de Novembro a princípios de Fevereiro. Nos arredores do Porto têm sido observados alguns exemplares. Na praça da Figueira, em Lisboa, temos obtido diversos exemplares durante os meses de inverno.

Genero CARDUELIS Brisson.

301. Carduelis carduelis

N. v. *Pintassilgo, Pintassilbo, Pinta-cardim, Pinta-cardeira, Milheira galante.*

O *pintassilgo* é abundante e sedentário em Portugal, mas durante o outono migra em grande quantidade pela costa em direcção ao sul regressando ao norte em Março e Abril. Atendendo à diversidade do colorido na plumagem e nas dimensões dos pintassilgos que temos obtido em Portugal, não podemos de modo algum admitir como sendo a única forma aqui existente o *Carduelis carduelis weigoldi* R. Num próximo trabalho diremos o que se nos oferece sobre o assunto.

302. *Carduelis spinus* (L.).

N. v. *Pintassilgo verde, Lugre, Rabequinha, Canário da França, Canário da India, Bengalinha, Bigodinho, Passarinho do Egito.*

O *pintassilgo verde* é uma espécie de arribação em Portugal, que em certos anos aparece em relativa abundância, para faltar depois, por completo, anos seguidos. Temos observado exemplares disseminados por todo o País durante os meses de inverno.

303. *Carduelis cannabina mediterraneae* (Tschusi.).

N. v. *Milheiro, Pintarroxo, Peito-vermelho, Vermelhinho.*

O *milheiro* é abundante e sedentário em Portugal; mas em grande parte migra para o sul no outono. Os que passam o inverno connosco reúnem-se em grandes bandos frequentando os terrenos em pousio. Não são raros os casos de albinismo parcial nesta espécie; os casos de eritrismo são muito menos frequentes.

Genero SERINUS Koch.

304. *Serinus canarius serinus* (L.).

N. v. *Cerzino, Cerzinho, Cerijo, Bico-curto, Milheira-feia, Zerzino, Azegrino, Chereginho, Nabinheira, Amarelinha, Milheirinha, Cereginho.*

O *cerzino* encontra-se durante todo o ano em Portugal, mas numa grande parte migra para o sul no outono, regressando ao norte na primavera. Os que passam o inverno no País, frequentam os campos reunidos em pequenos bandos. Apreciamos muito este pássaro quando ele canta voando.

Genero PETRONIA Kaup.

305. *Petronia petronia petronia* (L.).

N. v. *Pardal francês, Tarróte do monte, Pardal manso, Pardal montesinho, Pardal dos rochedos, Pardal do monte, Pardal da India.*

O *pardal do monte* é vulgar em Portugal, mas bastante localizado. É sedentário e parcialmente migrador, passando durante o outono para o sul em grande quantidade. Muitos dos retardatários passam o inverno connosco, reunidos em grandes bandos e conservando-se nas dunas e campos da beira-mar, até que chegado o mês de Abril voltam de novo para o norte.

Genero PASSER Brisson.

306. *Passer domesticus domesticus* (L.).

N. v. *Pardal, Tarróte, Pardal do trigo, Pardal ladrão, Pardejo, Pardal dos telhados, Pardal-ladro, Pardal das igrejas.*

O *pardal* é abundante em todos os sítios povoados de Portugal; durante o estio frequenta os campos de cereais, principalmente os de trigo, aonde a vida lhe corre fácil; no inverno, quando a vida se torna mais difícil nos campos, retira-se para os casais e os eirados fazendo concorrência às aves domésticas. É espécie sedentária nunca se afastando dos lugares donde nasceu.

307. *Passer montanus montanus* (L.).

N. v. *Pardal montês, Pardal.*

O *pardal montês* é raro e muito localizado em Portugal; alguns exemplares da espécie têm sido obtidos em Penafiel pelo naturalista sr. Dr. Elísio de Sousa. O Museu Bocage possui exemplares obtidos em Portugal. Um amigo meu informou-me que na Praça da Figueira, durante o inverno, aparecem algumas vezes à venda exemplares desta espécie; o caso nada tem de inverosímil desde que se saiba que o Dr. H. Weigold obteve alguns exemplares na Póvoa de Santa Iria, proximidades de Lisboa, em 1913.

308. *Passer hispaniolensis hispaniolensis* (Temm.).

N. v. *Pardal.*

Temos observado esta espécie em relativa abundância durante todo o ano no concelho de Freixo de Espada-à-Cinta, província de Trás-os-Montes.

Com esta espécie dá-se um caso curioso: sendo vulgar na margem direita do rio Douro, em frente à Barca d'Alva, nunca a observamos nesta povoação, não obstante bastar-lhe apenas atravessar o Douro. Não será devido ao acaso o não a termos encontrado na Barca? O pardal comum é ali abundantíssimo.

Genero LOXIA Linnaeus.

309. *Loxia curvirostra curvirostra* L.

N. v. *Cruza-bico, Trinca-pinhas, Trinca-nozes, Bico-cruzado.*

O *cruza-bico* aparece em Portugal durante as migrações da primavera e do outono, mas com muita irregularidade; passam-se às vezes bastantes anos sem que seja visto no País um único exemplar, para depois aparecer, como no corrente, em abundância. Desde o meado de Julho até ao meado de Novembro do corrente ano que a espécie tem aparecido nos arredores do Porto, frequentando os pomares aonde existam macieiras, os jardins e os bosques de coníferas. No mês de Agosto notamos que a espécie se apresentava como um migrador regular, seguindo para o sul ao mesmo tempo que as rolas, as sombrias e os taralhões, reunida em bandos que iam de seis a doze indivíduos, seguindo a grande linha das migrações e a bastante altura; mas durante os meses de Outubro e Novembro a espécie apresenta-se estacionária e, segundo informes que temos recebido, por todo o País, o que nos faz admitir a possibilidade de uma invasão de cruza-bicos, como as que se têm dado em outros Países do norte da Europa.

Genero PYRRHULA Brisson.

310. Pyrrhula pyrrhula europaea Vieillot.

N. v. *Pisco chilreiro, Pimpalhão da India, Tentilhão da India, Pintalhão da India, Cardeal, Dom Fafe.*

O *pisco chilreiro* é um pouco comum em Portugal e, segundo o Dr. Paulino de Oliveira, encontra-se no País desde Fevereiro a Julho; mas nós temos notado que nos arredores de Braga a espécie, regularmente e com certa abundância, durante a migração de outono, isto é, em Outubro e Novembro. Em Trás-os-Montes aparece durante o mês de Março, quando regressa ao norte em pequenos bandos, frequentando os pomares para se alimentar com os gomos das árvores, causando alguns danos nas frutíferas.

O sr. W. Tait no seu livro *The Birds of Portugal*, diz que esta espécie é conhecida em Braga e em Vila do Conde pelo nome de *Dom Fafe*, o que não é bem assim: em Braga chama-se simplesmente *Pimpalhão da India* e em Vila do Conde não tem nome popular algum, pela simples razão de não ser ali conhecida. O mesmo autor diz suspeitar que o nome de Dom Fafe, dado a esta espécie, tenha vindo para Portugal com os Visigodos, atribuindo-lhe já uma existência no País de mil e trezentos anos, o que nos parece um pouco fantasioso. Então esse nome existe há tantos séculos em Portugal e só depois de 1862, data em que o sábio Professor Dr. J. V. Barbosa du Bocage publicou as suas «Instruções práticas sôbre o modo de coligir, preparar e remeter produtos zoológicos para o Museu de Lisboa», aonde inseriu uma lista das aves Portuguesas, é que ele aparece pela primeira vez entre os nomes vulgares das aves Portuguesas.

Em publicações anteriores[7] a esta lista, que temos consultado, sempre a espécie se nos tem deparado sob a designação de *Pisco chilreiro*. Se o nome de Dom Fafe, como pretende o sr. Tait, tivesse vindo com os Visigodos, que estacionaram em *Braccara* durante

---

[7] António de Almeida, *Quadro elementar da História Natural dos Animais* (Tradução), Vol I, pg. 211.

J.J.Roquete, *Museu Pitoresco ou História Natural*, pg. 175, estampa 44 nº 15.

Maria Isabel Fernandes, *História Natural ou descrição de tôdas as classes de animais* (Tradução). Vol I, pg. 198.

séculos, e sendo este pássaro de aparecimento regular e bastante comum nos arredores desta cidade, não era natural que esse nome tivesse ficado, embora adulterado, entre o povo que aí habitava e continuou a habitar até aos nossos dias. Mas não, em Braga e em todas as povoações a norte e a leste de Braga, as que temos visitado, nunca ouvimos dar a este pássaro outro nome que não fosse o de *Pimpalhão da India*: nome bem Português e bem apropriado. Na verdade um pássaro de cores tão vivas e variadas só da India poderia ter vindo; dessa India de mistérios e maravilhas, de que fomos efémeros possuidores. O nome de Dom Fafe, que nunca nos foi possível de recolher do povo que habita simultaneamente os mesmos sítios que o pássaro habita, só o temos ouvido, em regra, aos passarinheiros e nos mercados, o que nos faz lembrar que a adaptação do nome alemão *Dompfaff* ao Português, deve ter sido uma resultante da vulgarização da obra de Brehm em Portugal e, que o seu aparecimento entre os nomes vulgares das aves Portuguesas não deve ir além do meado do século dezanove.

O sr. Dr. F. L. Lopes na sua tradução de *L'Oiseaux*, de Michelet, dá a esta espécie o nome de *Cardeal*.

Genero EMBERIZA Linnaeus.

311. *Emberiza calandra calandra* (L.).

N. v. *Trigueirão, Tente-na-raiz, Tim-ta-raiz, Chirrobia, Trigueiro, Tentarraís, Milheirão.*

O *trigueirão* é sedentário e comum em Portugal, mas durante o outono alguns migram para o sul, como já tivemos ocasião de observar na foz do rio Ave. A sua distribuição no país é muito irregular; sendo abundante em algumas localidades, pouco frequente em outras e faltando por completo em diversas.

Os nomes de *trigueiro* e de *trigueirão* dados pela gente do campo a esta espécie, não querem dizer que a ave é comedora de trigo, como pretende o sr. W. Tait, mas que a sua plumagem é da cor do trigo, ou que é trigueira.

Em Maio de 1889 descobrimos que um casal de trigueirões se reproduziu no cemitério da Lapa, no Porto.

O povo da freguesia de Mata de Lobos, concelho de Figueira de Castelo Rodrigo, para justificar a origem do nome de *Tim-ta-raís* dado naquela localidade a esta espécie, conta a seguinte lenda: em tempos que já lá vão muito longe, reuniram-se todos os *Tim-ta-raíses* da região para arrancar um freixo, mas por maiores esforços que empregassem o freixo não se movia, até que, um, voando até ao mais alto galho daí explicou; que o freixo se não podia arrancar porque *Tim-tim-ta-raíses*, tem muitas raízes.

312. *Emberiza cirlus* L.

N. v. *Cia, Cio, Escrevedeira, Letreira, Sentieira, Sicia, Serrão.*

A *escrevedeira* é abundante e sedentária em todo o País; no inverno frequenta os campos reunida em pequenos bandos. Os indivíduos da espécie que possuímos obtidos «em terras de Bragança» são maiores e de cores mais vivas que os indivíduos obtidos nos arredores do porto: esperamos ainda poder fazer uma descrição detalhada destes exemplares.

313. *Emberiza cia cia* L.

N. v. *Escrevedeira, Trigueiro, Cia, Cio, Sentieira.*

O *trigueiro* é muito comum e sedentário em Portugal, mas frequentando menos os terrenos cultivados que a espécie precedente, é mais comum nos terrenos incultos. No inverno, reunido às famílias, encontra-se nos campos que alternam com os bosques.

314. *Emberiza citrinella citrinella* L.

N. v. *Letreira.*

A *letreira* é comum e sedentária na Serra do Barroso, aonde temos obtido diversos exemplares assim como os seus ninhos e ovos. Temo-la encontrado em toda a Serra desde a Mourela (Pitões) até ao Larouco (Montalegre). No resto do País supomo-la muito rara, pois que só uma vez observamos dois exemplares na serra do Marão.

315. *Emberiza hortulana* L.

N. v. *Sombria brava.*

A *sombria brava* não é rara em Portugal mas é muito localizada; observa-se desde Agosto a Setembro nos campos de milho que alternam com os terrenos incultos e arborizados. Em Valongo encontra-se, invariavelmente, em todos os Setembros nos mesmos campos, donde nunca se afasta para muito longe. Temos observado a sua passagem pela costa Portuguesa com rumo ao sul durante o mês de Setembro, mas em pequena quantidade.

316. *Emberiza schoeniclus schoeniclus* (L.).

A *emberiza dos juncos* é rara em Portugal; nós apenas temos obtido alguns exemplares da espécie, na sua passagem para o sul durante os meses de Outubro e Novembro.

317. *Emberiza schoeniclus canneti* (Brehm.).

Nos últimos dias do mês de Maio de 1915, quando procedíamos à pesca de tencas para os reprodutores da Estação Aquícola do rio Ave, num paúl das proximidades de Coruche, obtivemos alguns exemplares duma *emberiza* que mais tarde verificámos pertencer a esta sub-espécie; três anos depois, em Maio de 1918, o sr. W. Tait obteve, também, no paúl da Golegã, alguns exemplares desta mesma sub-espécie.

Genero PLECTROPHENAX Stejneger.

318. *Plectrophenax nivalis nivalis* (L.).

A *emberiza das neves* é uma espécie de aparecimento acidental em Portugal; em certos anos (como em 1928) aparece em pequenos bandos nos lugares rochosos à beira-mar, faltando depois por completo anos seguidos. Pousados sobre os rochedos deixam-se matar com grande facilidade. O Museu Zoológico da Universidade do Porto possui diversos exemplares. Só uma vez o observamos no interior do País, foi durante uma excursão que efectuamos ao Castro Laboreiro em Novembro de 1902.

Família ORIOLIDAE.

Genero ORIOLUS Linnaeus.

319. *Oriolus oriolus oriolus* (L.).

N. v. *Papa-figos, Eivão, Marelante, Papa-figo, Mantéu, Figo-louro, Figo-maduro, Bartolomeu, Papa-figos-real, Clerigo.*

O *papa-figos* é comum em Portugal desde princípios de Abril a princípios de Setembro, mas muito localizado. Nos arredores do porto observa-se algumas vezes em Maio e, com muito mais frequência, em Setembro, quando regressa ao sul. Em Setembro são, geralmente, indivíduos jovens os capturados, porque os adultos já se lhe têm antecipado na partida. O seu ninho suspenso na bifurcação dos ramos horizontais, artisticamente tecido em forma de cesta, é um dos mais belos das aves Portuguesas.

Diogo Fernandes Ferreira a rematar a sua *Arte da Caça de Altaneria*, conta-nos o mito grego D'elrei Tereo e da rainha Proné, em que o principe Itens é transformado em *Ayvão*. Gobernatis[8], escrevendo a propósito do mesmo mito, diz que o príncipe Itens foi transformado em *Faisão*; ora «em terras de Chaves» é conhecido, desde não sabemos quando, pelo nome de *Eivão* o papa-figos; seria curioso investigar se este nome não representará uma variante do mesmo mito.

Família STURNIDAE.

Genero STURNUS Linnaeus.

320. *Sturnus vulgaris vulgaris* L.

N. v. *Estorninho, Tordinho, Tornilho.*

O *estorninho* é abundante em Portugal durante o inverno, com especialidade nos olivedos, aonde causa bastantes estragos na azeitona. Na Beira Baixa apanham-no aos milhares com uma rede

---

[8] *Mythologia Zoologica.* Tradução francesa, Vol. II, pg. 241. Paris 1874.

nos canaviais, aonde ele se reúne para passar a noite. De todos os migradores do norte, cremos que é o *estorninho* o que passa pelo País em maior número, iniciando a passagem em Setembro e prolongando-a até Janeiro. Viaja com todos os ventos e até em dias invernosos. Só uma pequena parte regressa ao norte pela beira-mar, em Março.

321. *Sturnus unicolor* Temm.

N. v. *Estorninho, Tordinho, Tornilho, Corta ventos.*

O *estorninho* é muito comum e sedentário no País. Nas províncias de Trás-os-Montes e Beira Baixa nidifica nos pombais, construídos pelo campo para a criação de pombas semiselvagens e, na do Algarve, aninha também nas cavernas da costa junto à *Columba livia.* No inverno, reunido em grandes bandos, frequenta muito as planícies húmidas.

Família CORVIDAE.

Genero CORVUS Linnaeus.

322. *Corvus corax corax* L.

N. v. *Corvo.*

Bastante comum mas localizado; sedentário, mais frequente no sul do País. Com as características da espécie possuímos exemplares de Santarém e Coruche.

323. *Corvus corax hispanus* Hart. & Kleinschm.

N. v. *Corvo.*

Temos obtido alguns exemplares de corvo em Trás-os-Montes, que pelas dimensões e forma de bico entendemos deverem pertencer a esta sub-espécie.

324. *Corvus corone corone* L.

N. v. *Corvo, Gralha, Curvélos, Grelha.*

A *gralha* é sedentária e comum no norte do país; no sul é muito pouco frequente. Reproduz-se nos pinhais do litoral ao norte do Porto. É a espécie mais vulgarmente parasitada pelo *Cuco rabilongo*.

325. *Corvus frugilegus frugilegus* L.

N. v. *Gralha calva, Corvo calvo, Corvélos, Corvo, Gralha, Grelha.*

A *gralha calva* é um migrador regular, chegando do norte em grandes bandos no fim de Outubro e princípios de Novembro, conservando-se entre nós até aos princípios de Abril. Em Vila do Conde nos meses de Fevereiro e Março observamos, por diversas vezes, nos terrenos areentos da beira-mar, as gralhas calvas atacarem os batatais, arrancando às bicadas os tubérculos ainda pouco desenvolvidos.

Genero COLOEUS Kaup.

326. *Coloeus monedula spermologus* (Vieill.).

N. v. *Cuneta.*

O *cuneta* é muito raro em Portugal; só uma única vez, na foz do rio Ave, o observamos de passagem para o sul em 23 de Setembro de 1923; era um bando de seis indivíduos. O Museu Bocage da Universidade de Lisboa, possui três exemplares desta sub-espécie; um adulto e dois juvenis. Todos estes exemplares são provenientes do Mira, província do Alentejo.

Genero NUCIFRAGA Brisson.

327. *Nucifraga caryocatactes caryocatactes* (L.).

Esta espécie é de aparecimento acidental no País. O exemplar existente no Museu Bocage, obtido na serra d'Ossa, pelas dimensões do bico, parece-nos dever pertencer à espécie tipo; essas dimensões são as seguintes: comprimento, da narina à ponta, 40; altura no ângulo, 15 ^{mm}.

Genero GARRULUS Brisson.

328. Garrulus glandarius fasciatus (Brehm.).

N. v. *Gaio*.

O *gaio* é abundante e sedentário em todos os lugares arborizados do norte do País, rareando à maneira que se avança para o sul, sendo raro no Algarve. As circunstâncias em que temos observado, durante o outono, pequenos bandos de gaios, somos levados a crer que a espécie é um tanto migradora.

Genero CYANOPICA Bonaparte.

329. Cyanopica cyanea cook Bonp.

N. v. *Rabilongo, Pêga-azul, Charneco*.

O *rabilongo* é bastante comum no sul e centro do País, para o norte nunca o observamos além de Penalva do Castelo (Distrito de Viseu). Como ainda não nos foi possível averiguar até que ponto é fundada a diferenciação de *C. c. gili*, continuamos a considerar o *C. c. cook* como a forma de Portugal.

Genero PICA Vieillot.

330. Pica pica melanotos Brehm.

N. v. *Pêga*.

Os modernos tratados de Ornitologia Europeia dão como única pêga da península a *P. p. melanotos*; mas a nós parece-nos que durante o inverno outras pêgas visitam o nosso País. A pêga é uma espécie migradora na costa de Portugal que, durante o outono, passa para o sul em pequenos bandos ao mesmo tempo que os *pintassilgos* e outros pássaros, seguindo a grande linha das migrações. Este facto, que supomos desconhecido dos naturalistas, explica e justifica a persuasão em que estamos de que entre as pêgas vindas do norte, no outono, algum exemplar apareça da espécie tipo. Desde os princípios de Novembro a princípios de Fevereiro que, nos campos húmidos das imediações da ria de Aveiro, se reúnem grandes bandos de pêgas, que desaparecem com a aproximação da primavera. Serão estes bandos constituídos pelas pêgas que nós observamos na sua passagem pela foz do rio Ave? Donde virão elas? Nós temos obtido, durante o inverno, nos campos de Estarreja e da Murtosa, exemplares que apresentam todas as características da *P. p. pica* L. Pertencerão de facto a esta espécie esses exemplares? Só o confronto de muitos indivíduos nos permitirá sabê-lo.

Genero PYRRHOCORAX Vieillot.

331. *Pyrrhocorax pyrrhocorax* (L.).

N. v. *Gralha de bico vermelho, Gralha, Choi, Corvacho.*

A *gralha de bico vermelho* é bastante comum e sedentária no País, reproduzindo-se nas serras altas e rochosas. Durante alguns invernos observa-se um ou outro indivíduo à beira-mar.

NOTA:

Referindo-nos no presente trabalho, aos nomes aplicados pelos pescadores poveiros, às aves marítimas da costa norte do País deixámos, por lapso, de mencionar os seguintes: Malhórco, dado às espécies *Hydrobates pelagicus, Oceanites oceanicus* e *Oceanodroma leucorrhoa*; Rolim ou Roli, dado às espécies: *Puffinus puffinus* e *Puffinus mauretanicus.*

Índice remissivo

www.ingramcontent.com/pod-product-compliance
Lightning Source LLC
Chambersburg PA
CBHW020251290526
45784CB00003B/1196